政协委员
读书笔记

易理人生

张连珍 著

中国文史出版社

图书在版编目（CIP）数据

易理人生 / 张连珍著 . —北京：中国文史出版社，
2021.3

ISBN 978-7-5205-3062-0

Ⅰ . ①易… Ⅱ . ①张… Ⅲ . ①《周易》—研究 Ⅳ .
① B221.5

中国版本图书馆 CIP 数据核字（2021）第 124331 号

责任编辑：牛梦岳

出版发行： 中国文史出版社

社　　址： 北京市海淀区西八里庄路 69 号院　邮编：100142

电　　话： 010-81136606　81136602　81136603（发行部）

传　　真： 010-81136655

印　　装： 北京温林源印刷有限公司

经　　销： 全国新华书店

开　　本： 787mm×1092mm　1/16

印　　张： 17.5

字　　数： 224 千字

版　　次： 2021 年 9 月第 1 版

印　　次： 2022 年 4 月第 2 次印刷

定　　价： 69.00 元

序一

我和张连珍同志相识于 20 世纪 90 年代。2003 年，我担任南京大学党委书记后，知道张连珍同志担任江苏省委、省政府的领导职务外，还潜心于中国易学研究，有几十年深厚的积淀和体悟。于是，我就邀请连珍同志来南京大学主讲"周易与智慧人生"系列讲座，连珍同志应允后，自 2008 年起在南京大学开讲，一开讲就是十几年。

一个专题系列讲座，一讲就是十几年，在这个快节奏的时代，实属不易。张连珍同志的系列讲座，每场都经过了认真的准备，既有学理和文献的考索，又有思想和生活的感悟，场场讲座串起来又有内在的逻辑。如此下来，几十年磨一剑，终于有机会以正式结集出版的形式，使张连珍同志研究易学的成果被更多人分享。

一个专题系列讲座，一办就是十几年，在这个新知迭代、新潮纷涌的时代也实属不易。现在看来，张连珍同志的易学讲座，实质是以易学为载体的中华优秀传统文化精华的系统梳理和现代表达。中华优秀传统文化，包括其内在的思维方式、价值观念、实践理念、伦理关怀、审美追求等，构成了独特的中国精神，在独特的中国情境下，形成了面向生产生活、社会人生的普遍和具体问题的独特的解决之道，这就是中国智慧。正如习近平总书记所说："中华文明有着5000多年的悠久历史，是中华民族自强不息、发展壮大的强大精神力量。我们的同胞无论生活在哪里，身上都有鲜明的中华文化烙印，中华文化是中华儿女共同的精神基因。"在我看来，立足新时代，让青年学生了解中华民族的文化基因、珍视中华民族的文化血脉、共建中华民族的精神家园，铸牢中华民族的文化认同，不是一蹴而就的工作，而是一项系统的、细致的、久久为功的工程。连珍同志的系列讲座的开设，契合了党和国家推进中华优秀传统文化传承创新工程的建设要求，契合了南京大学以优秀传统文化浸润核心价值观的追求，契合了以优秀传统文化蕴含的中国方法论指导国家治理和全球治理的需求。

一个专题系列讲座，一听就是十几年。作为基本听众的一届届的南大学子纷纷走出校园，但这个讲座仍然有坚持十多年的听众，南大相关学科的专家、易学爱好者、实务部门的管理工作者，包括我和其他分管文科事务的同志，几乎成了讲座的常任听众和"粉丝"。我虽不是易学专家，但从连珍同志的讲座内容和研究心得中，感受到了连珍同志丰厚的传统文化学养、严谨的探赜索隐之功、精彩的孤明独到之论。她的易学学养，积累了数十年的爱好和研读，除古代易学的流变外，每与当代海内外易学大家交流探讨，请益诸家，博取众长，增益学理；她的易学研究，能原始返终，考竟源流，很好地继承了汉学学风；她的易学阐释，能坚持义理与考据结合，能坚持形上与形下的结合，能坚持象数与义理的融合，能关注易学思维与现实功用，能努力让易学在现实大地上结出智慧之果。印象深刻的是，日用常识的观察、生活习俗的考辨、治理方式的思考、立身行世的启悟、摄生营卫的感触等等，现实社会人生、现代管理治理的种种问题和解决方案，在连珍同志的每一讲中，都有整体的观照和独到的诠解。这大概是连珍同志的讲座的特色和魅力。

在张连珍同志的系列讲座和研究成果出版之际，我谨呈献以上片断给广大读者，代表南京大学受惠于系列讲座的师生，对著作的出版表示祝贺，对连珍同志对南京大学的支持和厚爱表示感谢。愿她的这项既传承文明薪火又促进创造转化的工作，不断有新的成果，以助力文化自信、助力伟大复兴。

洪银兴

2021 年 1 月 20 日于南大和园

（作者系南京大学原党委书记，著名经济学家）

序二

《易经》是中华民族的重要文化典籍，是中华文化的源头之一，千百年来，被儒家奉为五经之首，被道家尊为三玄之冠。《易经》倡导的"天人合一、阴阳中和"的思想构成了中华文化的基本精神。然而在很长一段时间里，它却被打入冷宫，甚至当作"封资修"被批判，以至于当今很多人对它还有很深的误解。对于一些从事文化工作的学者来说，虽然很多人知道它的文化价值，但长期深入钻研并公开宣讲的人却不多。在这不多的学者中，张连珍同志是卓有成就的一位。

连珍同志20世纪80年代就开始学习《易经》，她曾求教过很多易学名家。

连珍同志是运用《易经》义理指导现实人生的表率。她在全国政协读书漫谈群系列讲读《易经》241期，在委员中引起很大反响。一开篇她就写道："几千年间，易学思想有形无形地影响着中华民族的社会生活、政治生活和人生哲学。学习研究传承弘扬中华优秀传统文化，要精读细研经典，要和中国特色社会主义新时代经济社会发展联系起来，要和人的生存、生活、生命联系沟通起来。"寥寥数言，已经阐明她解易的特点。

我认为，就易学研究而言，连珍首先是一位严谨的学者。她有着近40年学习和研究《易经》的经历，下过扎实的文本功夫，不仅对六十四卦的卦爻象、卦爻辞和《易传》有精当系统的理解，而且对整个易学发展史、历代重要易学著作也非常熟悉。所以她解释《易经》是精当的，是符合学术规范的，绝不是望文生义，更不是任意发挥。她旁征博引，对前人观点随手拈来，然后提出自己的富有创新性的观点。

比如对"易"字的解释，她引用东汉郑玄《易赞》的说法，"易"有三义：简易，变易，不易。又比较了汉魏南北朝易学家及唐代孔颖达关于"易"字所含意蕴的不同理解和说法，然后提出自己的观点：（一）简易，《易》是归纳法，将宇宙间的现象与人事归纳为极简单的必然之理。（二）变易，《易》所说明的宇宙事物是必变的，也就是说，天地之间万事万物没有不变的。但这个变是渐变的，因为一切突变的事物，实际上内部的变化由来已久。（三）不易，在一切必变之中，有一种绝对不变的本体，这是形而上的道理，不论其名如何，所代表的是不变的本体。

其次，连珍解《易》不是就文字论文字，更不是纸上谈兵，而是联系实际，经世致用，将高深的易理落实于工作、生活，落实于人生，进而落实于治国理政。因为有着丰富的领导经验，所以在解读时比起一般的书斋学者，视角更宽广，眼界更高远。

比如她解释乾卦"用九，见群龙无首，吉"说：乾卦六爻的次序代表着自然规律、人生规律、社会发展规律六个阶段的发展变化，用九要用全卦爻辞的精义，遵循规律，指导工作、生活、人生。群龙无首，不是没有领导，而是群贤毕至，人人都效法天道，遵守天则，群龙有序前飞，元亨利贞，国泰民安，天下咸宁。

此外，由于长期与百姓打交道，所以连珍说的话很质朴，很通俗，接地气，好像唠家常，还时不时冒出金句。比如在解读家人卦《象》时说："家长是孩子第一任老师，父母好好学习，孩子天天向上。"在解读同人卦时说："好人聚一起干好事叫团结，小人搅一起干坏事叫勾结。"在解读否卦时说："发展才能活血化瘀，使广大人民安居乐业。发展是一江春水，不发展是一潭死水。"在解读坤卦上六爻辞说："有一种痛苦不是失败的痛苦，而是新生的痛苦，新生中的希望。"这样的金句还很多。她还讲了很多工作经历中的故事，写了很多感人的诗篇，比如，她连续22年带队到镇江句容教管所开展对失足少年的帮教活动，写过一首《妈妈啊，对不起》的诗，读后催人泪下。

可以想象，这样的解读是令人钦佩，让人难以忘怀的。所以当连珍同志在读书漫谈群结束谈"易"时，委员们都纷纷表达不舍之情。叶小文、丁伟、戚建国、多杰热旦、刘晓冰、黄树贤等委员，或作诗点赞，或行文抒情。本人不揣谫陋，也献小诗一首：

> 一画开天地，阴阳贯古今。
>
> 易贯儒道禅，道统天地人。
>
> 开启中华源，铸就民族魂。
>
> 古智能今用，解说有连珍。

大家一致请求连珍同志出一本书，高兴的是连珍同志应允了，于是就有了这部《易理人生》的问世。没想到连珍同志打电话要我写个序，这实在是不敢当，然恭敬不如从命，故写下这个读后感，忝为序。

张其成

2021年元旦

（作者系第十三届全国政协委员，北京中医药大学国学院首任院长，易学与儒释道医学研究所所长）

序三

　　我任国家宗教事务局局长期间，有一次去拜望南怀瑾先生，南老说刚和张连珍讨论了一通《易经》，她是真懂《易经》的，可以到大学讲课、出书。"月到中天分外明！"还记得台湾星云大师也说过，"张连珍，《易经》就在你的生活中。我是讲人间佛教，你讲《易经》要联系现时代，联系人生。"星云大师还特别邀请她到台湾佛光大学讲《易经》。

　　张连珍我熟悉，她曾任江苏省政协主席，是中共的一名高级干部。我知道她有一定的马列水平、理论水平、政策水平，却不知道她还一直在深入钻研《易经》，连南怀瑾、星云都对其赞誉有加。

　　后来我在中央社会主义学院任第一副院长时，就特地请她来院作了几场《易经》讲座。那时工作再忙，我也会到场聆听，果然百闻不如一见，十分精彩。我感到连珍对《易经》钻研之深，其功夫不亚于易经大师。但她的讲座又别开生面，融会贯通，旁征博引，联系实际，信手拈来，深入浅出，使人听完豁然开朗。尤其她的讲述接地气，不时还寓庄于谐，叫你忍俊不禁的同时，又感到顿悟通透。

2020 年 4 月，全国政协委员读书活动于世界读书日暨我国全民阅读日正式启动，线上线下相结合，读书履职相促进。

我因担任全国政协文化文史和学习委员会副主任，被指定为读书活动指导小组副组长，任务就是与各书群群主一起，为委员读书做好服务，要在政协委员中"寻大咖、寻大腕"，动员他们上线读书说书。于是，我想起了精通中华元典《易经》的张连珍主席，能否请她到"委员读书漫谈群"，在已有的十余个专栏之外再锦上添花，开一个《张连珍说易经》专栏？

动员了几次，连珍都婉拒，说自己不大上网，也很少用手机。但我锲而不舍，不离不弃，每次在政协开会见到她都追着不放，见一次说一次。还说，要不我给您买个手机吧。终于，她被我"三顾茅庐"的诚意打动，拗不过，专门去买了个新款手机。年近七旬的她，戴着老花镜，开始在手机上学打字，写心得，上网发到读书群中。刚开始"业务不熟练"，好不容易写了一段，却总弄不到读书群上去，一不小心还抹掉了，又得一个字一个字从头打。她给我打电话。我说这也叫"磨刀不误砍柴工"，您找个熟悉网络的年轻人帮帮忙，您口述就行。她一笑，"那么多生僻字，别难为人家了，还是我自己来吧！"

就这样，每一个字，都是她自己先在稿上写好，再逐字打到手机上发出。从 2020 年 8 月开始，张连珍在"委员读书漫谈群"开设专栏，每天发一两则，连续四个月，没有一天中断，共发了 241 则，解卦爻谈《易经》。委员们看了，纷纷点赞。

12 月中旬，张连珍在"委员读书漫谈群"里发布信息："我谈《易经》今天就结束了，花费了大家不少时间。我在此要衷心感谢全国政协委员读书平台，让我们拓展渠道，发挥委员履职作用，交流读书心得体会，理义娱心，我特别开心，向大家汇报我几十年研读《易经》的体悟及随想，共二百四十一篇（则），敬请指教！……"

我读了很感动，随即在群里作了个题为《不说再见珍（张）连珍》的发言，如下：

政协神奇读书网
引出主席张连珍
中共之中一高干
攻读易经研学深

双双瓦雀行书案
点点杨花入砚池
闲坐小窗读周易
不知春去几多时

口若悬河吐莲花
妙解二百四十一
极高明而道中庸
"时中"之道亦称奇

不说再见珍（张）连珍
今日连珍要收笔
预报出书好消息
连珍说易要结集

一石激起千层浪，众书友纷纷点赞。举例二三：

从 8 月份开始，四个多月来，张连珍主席为漫谈群精彩讲授《易经》思想 241 期，为大家了解《易经》、学习《易经》提供了极佳的引导、指导和启迪。谨代表漫谈群所有书友，向您真诚地说一声：谢谢！

深入浅出的解疑释惑，
富有哲理的人生感悟，
充满善美的良知祝语，
蕴涵初心的家国情怀。

虽然已经知道张连珍主席将于近期结束《易经》的讲解，但是今天真的看到张主席在第 241 期的最后充满感情的告别辞时，还是很不舍和感动！从盛夏八月到岁末寒冬，从金陵古城到西南边境，张主席一字一句亲笔写下的《易经》解读伴我们走过了夏秋冬！张主席解的是《易经》，悟的是人生。天地万象、广大精微，目光高远宏阔，落笔却从不虚空。家国情怀、人生哲理，世事洞明。谢谢张主席，跟着您开启了我的《易经》学习启蒙，不仅学到了真经，更学到了您从不懈怠、严谨求实的精神！

连珍主席精研易经，且融会贯通，以经观世，以经解惑，以古人智慧分析时局、洞彻人生，读后如醍醐灌顶，收获满满，钦佩之至！

还有好多，不能一一引用，兴未尽，意无穷。

是为序。

叶小文

2020 年岁末于全国政协委员读书活动第三阶段收官时

（作者系第十三届全国政协文化文史和学习委员会副主任）

目　录

概　论

　　文化是民族凝聚力和创造力的重要源泉，是综合国力体现的重要因素。习近平总书记在十九大报告中指出："文化兴国运兴，文化强民族强。没有高度的文化自信，没有文化的繁荣兴盛，就没有中华民族伟大复兴。"我们要深刻理解总书记的重要讲话精神，大力推动文化的大发展、大繁荣。实现文化的繁荣发展，需要我们站在新时代中国特色社会主义建设的高度上，传承弘扬中华优秀传统文化，吸取传统文化中的精华，焕发传统文化的生机活力，古为今用。

什么是《易经》

　　谈到传统文化，不能不说到《易经》。《易经》是中华民族最古老的文化典籍之一，被儒家尊为"五经"之首，"五经"是指《易经》《尚书》《诗经》《礼记》《春秋》；《易经》还被道家奉为"三玄"之冠，"三玄"指《易经》《老子》《庄子》。《礼记》的《五经解》提到《易经》这门学问时说："洁静精微，易教也。"据说这是孔子对《易经》的评语和结论。国学大师马一浮先生释之曰："洁静即是止，精微即是观。洁者，不染污义……静者，不躁动义……精者，不夹杂义……微者，深密义，不求人知而己独知之！"（《马一浮集》）《易传》中曰：《易》与天地准，故能弥纶天地之道。"即是说，《易经》的学问包括天地之道。《易经》是天人合一的宇宙观，是太极阴阳的哲学体系，它构成了中华民族文化的根干，成为中华文化的源头活水。同时在世界许多国家和地区广为传播，其深刻的思想内涵和精妙的思维智慧吸引历代学人不断研习和阐发。几千年间，易学思想有形无形地影响着中华民族的社会生活、政治生活以及人生哲学。

什么是"易"？这是根据汉朝一位道人魏伯阳又名火龙真人的说法来的。他有一本名著叫《参同契》，这本书是根据易理讲修道的书。在书中，他提到了"日月为易，刚柔相当"的话。我们看古文"易"字，上面是日的象形，下面是月的象形，把上面的太阳和下面的月亮合起来，就成了"易"字了。这个意思是说，《易经》这本书，是叙述我们人类这一个太阳系统的宇宙中日月所运行的一个大法则，就是称代包括日月在内的刚柔有体的整个世界。从后来出土的甲骨文上，找到了《易经》的"易"字，就是太阳、月亮的象形字上下合在一起，就是远古时代的"易"。《易经》是立足于"天人合一"而论述"天人之字"的哲理性经典，这是自《易经》诞生以来历代易学家、哲学家的共识。而这部经典的核心、本质及精髓，就是探讨天地人三才变化之道。这一特点首先彰明于这部经典的名称《易经》之"易"字上。

伏羲与八卦

《易传·系辞上》对易的产生、发展作了论述："古者包栖氏之王天下也，仰则观象于天，俯则观法于地，观鸟兽之文，与地之宜，近取诸身，远取诸物，于是始作八卦，以通神明之德，以类万物之情。"

包栖氏，也称庖羲氏、伏羲氏，风姓，母曰华胥，古城纪人（今甘肃天水秦州一带）。从战国以来的文献记载和秦州区王家磨等新石器遗址的考古发现来看，伏羲是从渔猎至始有畜牧业时代的一个氏族或部落酋长。相传，伏羲人首蛇身或人首龙身，以蛇或龙为图腾，智慧超人，继承了部落首领燧人氏，引导万民从无知走向开化，从蒙昧迈向文明，是一位对中国古代文明做出卓越贡献的杰出领袖人物，被华夏民族尊崇为"人文始祖"。

伏羲女娲（吴为山作品）

伏羲氏"仰观天文"，即观察天上日月星辰、风雨雷电，"俯察地理"，即察看山川地理形成变化，观察鸟兽身上的纹理与地上生长的万物，远取诸物，近取诸人自身的生理机能，以阴（－－）阳（—）两种符号组成八卦。

伏羲氏画八卦，只有卦画，没有文字，八卦的符号如下：

☰ ☱ ☲ ☳ ☴ ☵ ☶ ☷

每一卦的图案均用三画来表示，因此称为三画卦。每一个三画卦由两种不同的符号组成，第一种符号为一断线（– –）为阴，第二种符号为一贯线（—）为阳，这两种符号成为爻。"– –"为阴爻，"—"为阳爻。爻有"相交"与"感通"的意思，表示万物之间有交流、感通的关系，因此就产生了变化。

八卦的文字是后人根据卦画的象征意义而概括的。用阴爻（– –）、阳爻（—）来表述八种自然现象，就组成了以下八个卦或八个经卦，每个卦有一个卦名：

☰ 象征天，称为"乾"

☱ 象征泽，称为"兑"

☲ 象征火，称为"离"

☳ 象征雷，称为"震"

☴ 象征风，称为"巽"

☵ 象征水，称为"坎"

☶ 象征山，称为"艮"

☷ 象征地，称为"坤"

《易纬·乾凿度》曰："卦者，挂也。言悬挂物象以示于人，故谓之卦。"《易经》正是要把客观实在的图像悬挂起来给人看，所以，这个图像原叫挂象。《说卦》："卦，筮也。"只因为《易经》最初兴起时又用这个挂象来搞卜筮，所以才把挂字的偏旁"扌"换成"卜"，于是，后人就把《易经》的挂象叫卦象。

八卦象征自然界的天、地、水、火、风、雷、山、泽。这是用自然界的八种自然现象来说明宇宙天地万物变化及其与人的关系，蕴涵着"天人合一"的宇宙观及其思维模式。

☰ 第一个就是乾卦，代表天，天总是在上面。

☷ 坤卦代表地，地在脚下。

☰ ☷ 这两个符号代表了时间、空间、宇宙。

☲ 离卦代表太阳。在天地以内，有两个大东西，一个是太阳，一个是月亮，不停在转。

☵ 坎卦代表月亮。

☳ 震卦代表雷。宇宙间有这种能，电震动了就是雷，震动以后，形成气流了，就是风。

☴ 巽卦代表风，亦即是气流。气流震动，摩擦生电，又回转来了，就是"雷风相薄"。

☶ 艮卦代表高山、陆地。

☱ 兑卦代表海洋、河流。

八卦是最基本的象征符号。朱熹《周易本义》中有八卦取象歌，可以帮助记忆：

乾三连（☰）　坤六断（☷）

震仰盂（☳）　艮覆碗（☶）

离中虚（☲）　坎中满（☵）

兑上缺（☱）　巽下断（☴）

现在谈谈八卦的象征意义。八卦的象征意义有很多，只要记住八卦主要的象征意义就可以了。

八卦的最主要象征表

卦名	卦形	卦数	象形	卦德	象义
乾	☰	1	天	健	父
坤	☷	8	地	顺	母
震	☳	4	雷	动	长男
巽	☴	5	风、木	入	长女
坎	☵	6	水、雨	陷	中男
离	☲	3	火、日	丽	中女
艮	☶	7	山	止	少男
兑	☱	2	泽	悦	少女

"乾"的卦形为☰，三个阳并升，犹如天体为阳气积聚而成，所以用来象征天；又由于阳性刚健而天体也是健于运动的，所以乾卦的性质为"健"（刚健）。乾卦的《象》曰："天行健，君子以自强不息。"

"坤"的卦形为☷，三个阴同降，犹如地体凝集阴气而成，所以象征地；又由于阴性柔顺，而地体也是宁静和顺地承接天体，所以坤卦的性质为"顺"（和顺）。坤卦的《象》曰："地势坤，君子以厚德载物。"

"震"的卦形为☳，一个阳上升之时受到两个阴下降之阻，两相激荡，如雷震动，所以象征雷；又由于一个阳受两个阴抑制必动，而雷也能震动万物，所以震卦的性质为"动"（奋动）。

"巽"的卦形为☴，两个阳上升，一个阴从中降下，中空而气体流通，所以象征风；而风是无孔不入的，所以巽卦的性质为"入"（潜入）。另一说，巽卦的卦形是二阳动于上，如同树身，一阴静于下，如同树根，所以此卦又象征"木"。又由于树扎根于地，其根深入，所以巽卦的性质为"入"（潜入）。

"坎"的卦形为☵，一个阳包含在两个阴之中，犹如水表阴而里阳（水为阴质，但内含阳，如氢氧均可燃），所以象征"水"；又由于此卦一阳陷入二阴之中，而水也总是处于低陷之处，所以坎卦的性质为"陷"（低陷），为"险"。

"离"的卦形为☲，两个阳显于外，一个阴含于内，犹如火表阳而里阴（火为阳性，但内含阴质，如火焰中间温度相对低），所以象征"火"；又由于此卦二阳附着一阴之上，而火的燃烧也必须有附着物（燃料），所以离卦的性质为"丽"（附丽）。

"艮"的卦形为☶，一阳居于二阴之上，犹如山顶为阳，其下蕴含阴质，所以象征"山"；又由于山总是静止不动的，所以艮卦的性质为"止"（静止）。

"兑"的卦形为☱，一阴在二阳之上，犹如湖塘水面为阳，所以象征"泽"；又由于湖泽能滋润万物，或是人到湖塘边心情愉悦，所以兑卦的性质为"悦"（欣悦）。

从八卦到六十四卦

关于《易经》，相传有"三易"之说。

"三易"指《连山易》《归藏易》《周易》。"三易"经卦皆为八，重卦皆为六十四，而卦序不同。

《连山易》以象征山的"艮"（☶）为首；《归藏易》以象征收藏的"坤"（☷）为首；《周易》以象征周普变动的"乾"（☰）为首。

一种说法是：《连山》为神农氏所作之《易》，《周易》为周文王所作之《易》。另一种说法是：《连山》为夏代之《易》，盖继述神农氏；《归藏》为商代之《易》，盖继述黄帝氏；《周易》为周代之《易》，盖继述尧、舜。《连山易》《归藏易》早佚，流传于后世的只有《周易》。《周易》的"周"字有两种不同的解释：一种说法认为，"周"为周普，即周而复始的普遍变化；另一种说法认为，"周"为周代。一般多采用后一种说法。《周易》为周代之《易》，为周文王所推演之《易》。相传周文王被殷纣王囚禁于羑里（监狱，在今河南省安阳市），周文王推演《易》将八卦两两相重而为六十四卦。这就是说，《易》之六十四卦、三百八十四爻完整而系统的符号体系到周文王才最终完成。

那么八卦演化为《易经》六十四卦从何人开始？

《易传·系辞下》中作了阐述："作结绳而为罔罟，以佃以渔，盖取诸离。"伏羲氏概括离卦（☲）的卦象，发明了捉兽捕鱼的网罟。离卦是由八卦之离卦（☲）相重而成。因此，一种说法是伏羲氏不仅作了八卦，而且开始将八卦两两相重，画出了六画之卦。周文王推演《易》，将八卦两两相重而为六十四卦。

周文王塑像

　　相传周文王还根据卦象而作卦辞，文王之子周公又据爻象、爻位而作爻辞。这样包括六十四卦、三百八十四爻符号系统及与之相配的卦辞、爻辞文字系统的完整之《易》最终完成。

　　乾（☰）、兑（☱）、离（☲）、震（☳）、巽（☴）、坎（☵）、艮（☶）、坤（☷），这八个卦为八经卦，八经卦两两重合，组成了六十四个卦为别卦。两经卦重为一别卦，总是一经卦在上，一经卦在下。《易传》将卦位分为五种。

　　（一）不同卦相重是上下之位，即一别卦是两个不同经卦相重，象两种事物，此两种事物是上下之关系。例如，蒙（䷃），《象》曰："山下出泉，蒙。"蒙之上卦为艮，下卦为坎，艮为山，坎为水，故蒙读为"山水蒙"。

　　（二）不同卦相重是内外之位，即一别卦是两个不同经卦相重，象两种事物，此两种事物是内外之关系。《易传》将两经卦上下之位视为内外之位，下卦为内卦，上卦为外卦。例如，明夷（䷣），《象》曰："内文明而外柔顺。"明夷之内卦为离，外卦为坤。离，文明也；坤，柔顺也，则明夷之卦象是内文明而外柔顺，讲人内有文明之德，外抱柔顺的态度。明夷之外卦为坤，内卦为离，坤为地，离为火，故明夷读为"地火明夷"。

（三）不同卦相重是前后之位，即一别卦是两个不同的经卦相重，象两种事物，此两种事物是前后之关系。《易传》将两经卦上下之位视为前后之位，以上卦为前卦，以下卦为后卦。例如，需（䷄），《彖》曰："需，须也，险在前也。刚健而不陷。"需之前卦为坎，后卦为乾，坎，险也；乾，健也。则需之卦象是有险在前，健者处于险之后。不冒险，故未陷于险。需之前卦为坎，后卦为乾，坎为水，乾为天，故需读为"水天需"。

（四）不同卦相重是平列之位，即一别卦是两个不同经卦相重，象两种事物，此两种事物是平列之关系。《易传》将两经卦上下之位视为平列之位。例如，屯（䷂），《彖》曰："雷雨之动满盈。"屯之下卦为震，上卦为坎，则屯卦卦相是雷行雨降，雷雨并动，"雷阵雨"是平列之关系。屯卦上卦为坎，下卦为震，坎为水，震为雷，故屯读为"水雷屯"。

（五）相同卦相重是重复之位，即一个别卦是两个相同的经卦相重，象一种事物，此事物是重复之关系。同卦相重只有乾、坤、震、巽、坎、离、艮、兑八个经卦。另有相同卦相重而不分其位，即一个别卦是两个相同的经卦相重，象一种事物，此事物仍为一体，不含有重复之义。《彖》只释乾（䷀）为天，只释坤（䷁）为地，只释震（䷲）为雷，释艮（䷳）只曰"艮，止也"，释兑（䷹）只曰"兑，说也"。

卦中爻位有什么说法？

六爻之中，下面三根爻是内卦，又称下卦；上面三根爻为外卦，又称上卦。上下卦合在一起为重卦。所有的爻都有个位置问题。爻位有"当位""不当位"之分，凡阳爻处于阳位（初爻、三爻、五爻位，"一、三、五"为奇数，阳位），阴爻处于阴位（二爻、四爻、最上爻，"二、四、六"为偶数，阴位），均称"当位"，象征发展变化符合规律。反之，凡阳爻处于阴位，阴爻处于阳位，均称"不当位"，象征发展变化违反规律。一般说来，当位为吉，不当位为凶，但也不能绝对化，还要考虑多种因素作综合考虑。同时当位与不当位，也会有发展变化，所以当位者要守正防凶，不当位者要去凶化吉。

关于中位，由于第二爻（爻之序自下而上）处于下卦中位，第五爻处于上卦中位，称为"居中"，象征着行为坚持中道。阳爻居中位，则有"刚中之德"，阴爻居中位，则有"柔中之德"。

如果阴爻刚好处于第二位（六二），阳爻处于第五位（九五），那就更好了，是既"正"且"中"，这是《易经》中崇尚的"中和"之道。这就说明处位非常重要，站位要清楚，定位要准确，特别是要知道自己是谁。

六爻之间"乘、承、应、比"的关系是什么？

在六爻之间，由于各爻的位次、性质、远近等因素，就表现出"乘、承、应、比"的复杂关系，反映事物在发展变化中有利或不利的外在条件。

乘：相邻两爻，阴爻在阳爻上面，称为"乘刚"。弱者（柔者）乘凌强者（刚者），"小人"凌上，爻义往往不吉。如果几个阴爻都在一个阳爻上面，都为"乘"。

承：相邻两爻，如阴爻在阳爻之下，称为"承刚"。卑微者（柔弱者）顺承尊高者（刚强者），请求支助，这时爻义要看具体情况。一般说来，阴爻、阳爻当位为吉，不当位为凶，如一个阴爻之上有几个阳爻，称"承"。

比：凡相邻两爻，都可称"比"（比近），两爻互比，指事物在邻近关系中的作用与反作用。

应：在一卦中，下卦（内卦）三爻与上卦（外卦）三爻在相应的位置上对应（初爻与四爻、二爻与五爻、三爻与上爻），如两爻为一阴一阳互相交感，称"有应"。如果都是阳爻或都是阴爻，不能交感，称"无应"。爻位"有应""无应"在分析爻象时经常用到，指事物之间和谐、统一与矛盾、对立的运动规律。

"应"还常常受到"承、乘、比"的影响，各爻关系和各爻的爻位特征的种种规定性交织在一起。六爻又是某种事物在一定时空中的象征，因此爻象的推演程序是十分复杂多变的。

《易传·系辞下》中说：《易》之兴也，其当殷之末世，周之盛德邪？当文王与纣之事邪？是故其辞危。"这就是说，《易》为殷末周初时代周文王忧患之作。周文王继承伏羲氏等圣人的成就而最终建构了完整的《易》。这时《易》称为《周易》，其内容只有《易经》。

孔子与《易经》"十翼"

相传孔子为《易》作传，阐发易理，称之为《易传》，它包括《彖》上下、《象》上下、《文言》、《系辞》上下、《说卦》、《序卦》、《杂卦》十个部分，像《易经》的羽翼，故称"十翼"。

孔子像（吴为山作品）

东汉经学家将《易传》的《彖》《象》《文言》附于角卦，《系辞》《说卦》《序卦》《杂卦》附于《易经》之后，从而形成了包括《易经》与《易传》合一的版本，统称之为《周易》。

人称《易》之发展，故曰："《易》道深矣，人更三圣，世历三古。"(《汉书·艺文志》) 三圣，指伏羲、文王、孔子；三世，指上古、中古、下古。

《彖》随经分上、下两篇，共六十四条，释六十四卦之卦名及卦辞，未释爻辞。孔颖达《周易正义》引褚氏、庄氏云："彖，断也，断定一卦之义，所以名《彖》也。"

《象》随经分为上、下两篇，共四百五十条。其释六十四卦，卦名卦义者六十四条，未释卦辞。其释三百八十六爻爻辞者三百八十六条。其释卦名卦义也，皆以卦象为依据；其释爻辞也，亦多以爻象（包括爻位）为依据。

《文言》是乾、坤两卦之解说，只有两章。解释乾卦之卦辞与爻辞者，通称《乾文言》。解释坤卦之卦辞与爻辞者，通称《坤文言》。

《系辞》是《易经》之通论，因篇幅较长，分为上下两篇，以论述《易经》之意蕴与功用为主，亦谈及《易经》的筮法、八卦起源等等，并选释《易经》爻辞十九条。其名为《系辞》者，是说作者系其论述之辞于《易经》之下。

《说卦》主要是记述乾、坤、震、巽、坎、离、艮、兑八经卦所象之事物，故名《说卦》。《说卦》者，说八经卦之象也，非说六十四卦也，含有分析事物之性质的意思。

《序卦》解说《易经》六十四卦之顺序，故名《序卦》。

《杂卦》解说六十四卦之卦义，不依《易经》六十四卦之顺序，错杂而述之，故名《杂卦》。其解说有以卦象为依据者，有以卦名为依据者。

《易经》的符号系统

《易经》与其他经典的不同之处，首先在于《易经》是由卦爻符号与卦爻辞组合而成的。因此，研究《易经》，首先要熟悉卦爻符号。

太极图，在唐宋以前没有看见过，在宋朝以后才出现这个图。

《说卦》："天地定位，山泽通气，雷风相薄，水火不相射，八卦相错。"

《易传·系辞上》进一步阐发为："是故《易》有太极，是生两仪（阴阳）。两仪生四象（老阴、老阳、少阴、少阳）。四象生八卦。八卦定吉凶，吉凶生大业。"这是中国哲学宇宙生成论的系统论述。

太极图

太极最初化生分解出来的"两仪"是阴阳，阴阳继续化生分解出"四象"：少阳、老阳、少阴、老阴；"四象"继续化生分解形成"八卦"：乾、兑、离、震、巽、坎、艮、坤。这是《易传》对《易经》生成过程的描述，同时也是对宇宙生成模式的描述。"惟初太极，道立于一，造分天地，化成万物。"（《说文解字》）太极是一个整体，一个自身具有生命且具有生育生成功能和趋向的生命始源，是宇宙间万事万物的始基。太极含阴阳，而又不是阴阳，在阴阳之前。"太极"分而为二，犹如盘古开天辟地，使原初整体的宇宙分为天地；天地变通而有春、夏、秋、冬四时运行；进而有天、地、雷、火、水、山、泽、风之类的物象生化于宇宙间，这是宇宙生成的次序。其中最具关键性，以致影响到中国哲学、中国文化、中国艺术、中国政治、中国医学、中国建筑乃至影响整个中国人观念和思维方式的是阴阳。

《易经》六十四卦分经卦和别卦，经卦是乾、兑、离、震、巽、坎、艮、坤八个经卦，其余五十六个卦是别卦。周敦颐《太极图说》："无极而太极，太极动而生阳，动极而静，静而生阴，静极复动，一动一静，互为其根，分阴分阳，两仪立焉。"这些就是说天地人万事万物的运动都是阴阳运动。阴阳运动是自然界的规律，深刻揭示了万事万物间对立统一的矛盾关系。

"易有太极，是生两仪。"《易经》以阴爻"－－"代表阴，阳爻"—"代表阳，两仪是指太极阴阳交感和合。阴阳两种符号是构成《易经》八卦和六十四卦三百八十四爻的基石。

伏羲氏"仰则观象于天，俯则观法于地，观鸟兽之文，与地之宜，近取诸身，远取诸物，于是始作八卦，以通神明之德，以类万物之情"。伏羲氏八卦图为先天八卦图。周文王八卦图为后天八卦图。周文王被殷纣王关押在羑里镇时将八卦重合成六十四卦。

伏羲先天八卦图

文王后天八卦图

　　经卦有三爻，共八个卦，六十四卦是重卦，每卦的重卦共有六爻，每爻先标出爻名，再列出爻辞（爻的含义）。爻的次序是自下而上排列的，爻名用两个字标出，一字表示本爻位次，从第一爻到第六爻分别称为"初爻""倒数第二爻""倒数第三爻""倒数第四爻""倒数第五爻""上爻"；另一个字标书爻性，阳爻用奇数"九"字代表，阴爻用偶数"六"字代表。如坎卦（☵）象征水，卦的六爻自下而上依次为：1.阴爻，称为"初六"；2.阳爻，称为"九二"；3.阴爻，称"六三"；4.阴爻，称"六四"；5.阳爻，称"九五"；6.阴爻，称"上六"。如离卦（☲）象征火，离卦的六爻，自下而上依次为：1.阳爻，称"初九"；2.阴爻，称"六二"；3.阳爻，称"九三"；4.阳爻，称"九四"；5.阴爻，称"六五"；6.阳爻，称"上九"，每一爻都有爻辞，喻示本爻的含义。

六十四卦分宫卦象次序

八宫	八纯卦	初爻变	二爻变	三爻变	四爻变	五爻变	游魂卦	归魂卦
乾宫	乾为天	天风姤	天山遁	天地否	风地观	山地剥	火地晋	火天大有
坎宫	坎为水	水泽节	水雷屯	水火既济	泽火革	雷火丰	地火明夷	地水师
艮宫	艮为山	山火贲	山天大畜	山泽损	火泽睽	天泽履	风泽中孚	风山渐
震宫	震为雷	雷地豫	雷水解	雷风恒	地风升	水风井	泽风大过	泽雷随
巽宫	巽为风	风天小畜	风火家人	风雷益	天雷无妄	火雷噬嗑	山雷颐	山风蛊
离宫	离为火	火山旅	火风鼎	火水未济	山水蒙	风水涣	天水讼	天火同人
坤宫	坤为地	地雷复	地泽临	地天泰	雷天大壮	泽天夬	水天需	水地比
兑宫	兑为泽	泽水困	泽地萃	泽山咸	水山蹇	地山谦	雷山小过	雷泽归妹

☰　乾为天

天风姤　天山遁　天地否　风地观

山地剥　火地晋　火天大有

☵　坎为水

水泽节　水雷屯　水火既济　泽火革

雷火丰　地火明夷　地水师

☶　艮为山

山火贲　山天大畜　山泽损　火泽睽

天泽履　风泽中孚　风山渐

☳　震为雷

雷地豫　雷水解　雷风恒　地风升

水风井　泽风大过　泽雷随

☴　巽为风

风天小畜　风火家人　风雷益　天雷无妄

火雷噬嗑　山雷颐　山风蛊

☲　离为火

火山旅　火风鼎　火水未济　　山水蒙

风水涣　无水讼　天火同人

☷　坤为地

地雷复　地泽临　地天泰

雷天大壮　泽天夬　水天需　水地比

☱　兑为泽

泽水困　泽地萃　泽山咸　水山蹇

地山谦　雷山小过　雷泽归妹

上下经卦名次序歌

乾坤屯蒙需讼师，比小畜兮履泰否。

同人大有谦豫随，蛊临观兮噬嗑贲。

剥复无妄大畜颐，大过坎离三十备。

咸恒遁兮及大壮，晋与明夷家人暌。

蹇解损益夬姤萃，升困井革鼎震继。

艮渐归妹丰旅巽，兑涣节兮中孚至。

小过既济兼未济，是为下经三十四。

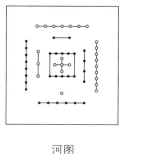
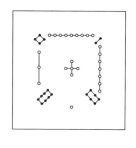

河图　　　　　　　　　　　　洛书

《系辞》曰："河出图，洛出书，圣人则之。"又曰："天一，地二；天三，地四；天五，地六；天七，地八；天九，地十。""天数五，地数五，五位相得而各有合。天数二十有五，地数三十，凡天地之数五十有五，此所以成变化，而行鬼神也。"此河图之数也。洛书盖取龟象，故其数戴九履一，左三右七，二四为肩，六八为足。

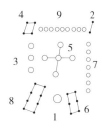

4	9	2
3	5	7
8	1	6

简解洛书妙数

洛书中心数为5；四隅位黑色点为阴数：2，4，6，8；四正位白色圈为阳数：9，7，3，1。

除中心数5外，洛书阴数之和为20，即2+4+6+8=20；洛书阳数之和为20，即9+7+3+1=20。

洛书中心数5分别与四隅之数乘积为50；洛书中心数5分别与四正位之数乘积为50。例如：

$9 \times 5 + 1 \times 5 = 50$

$3 \times 5 + 7 \times 5 = 50$

$2 \times 5 + 8 \times 5 = 50$

$6 \times 5 + 4 \times 5 = 50$

洛书之数横竖斜各数之和均为15。例如：

$4+9+2=15$ $3+5+7=15$

$8+1+6=15$ $4+5+6=15$

$9+5+1=15$ $2+5+8=15$

$2+7+6=15$ $4+3+8=15$

数字是会说话的符号语言，群经皆有言理，独《易》兼言数。

太极生两仪，两仪即阴阳。二的平方是四，两仪生四象；二的立方是八,四象生八卦……二的六次方是六十四，全卦即六十四卦。

学习研究传承弘扬中华优秀传统文化，既要精读细研经典，也要和中国特色社会主义和新时代经济社会发展联系起来，更要同人的生存、生活、生命联系沟通起来。我认为经典是有原创性、普遍性、恒久性和无限解释时空的可能性的。

第一章

《易经》中
有关卦的认知

乾 卦

乾：元，亨，利，贞。

初九，潜龙，勿用。

九二，见龙在田，利见大人。

九三，君子终日乾乾，夕惕若厉，无咎。

九四，或跃在渊，无咎。

九五，飞龙在天，利见大人。

上九，亢龙，有悔。

用九，见群龙无首，吉。

乾卦是《序卦》中第一卦。爻之序自下而上读。

"初九，潜龙，勿用。"倒数第一阳爻，像龙潜伏着，待时而为。

"九二，见龙在田，利见大人。"倒数第二阳爻，龙出现在田野里，见贵人有利。初出茅庐，宜访高人。

"九三，君子终日乾乾，夕惕若厉，无咎。"倒数第三阳爻，贵人整天忧愁戒惧，勤奋不息，直至夜晚仍警惕谨慎。这样，即使情况严重或有危难也能免遭灾祸。人要有忧患意识，注重德行修养，如此可转危为安。

"九四，或跃在渊，无咎。"倒数第四阳爻，龙或腾跃出渊或潜伏于渊，必无咎害，没有害处。（随波浪起伏，应势而为）

"九五，飞龙在天，利见大人。"倒数第五阳爻，龙飞云天，得位得势，大吉大利，利见贵人。

"上九，亢龙，有悔。"最上阳爻，龙飞穷极，终有懊悔。盛极而衰，物极必反。要进而有度，以免悔恨。

"用九，见群龙无首，吉。"用阳爻，群龙出现，皆不自以为首，是为吉祥，喻群英都自谦而不称雄。九是奇数中的最高数，是阳数，为天为龙。乾卦六爻之序自下往上，分别为初九、九二、九三、九四、九五、上九，代表着自然规律、人生规律、社会发展规律六个阶段的发展变化。要遵循规律，用全卦爻辞的精义指导工作、生活、人生。

群龙无首，不是没有首领，而是群贤毕至，人人都效法天德，遵守天则，群龙有序前飞，元亨利贞，国泰民安，天下咸宁。我们学习乾卦精神，就是要遵循规律，自强不息，与时偕行，努力为实现中华民族伟大复兴而贡献智慧和力量。

《彖》曰："大哉乾元，万物资始，乃统天。云行雨施，品物流形。大明终始，六位时成，时乘六龙以御天。乾道变化，各正性命。保合太和，乃利贞。首出庶物，万国咸宁。"

《象》曰："天行健，君子以自强不息。"

《文言》曰："'元'者，善之长也；'亨'者，嘉之会也；'利'者，义之和也；'贞'者，事之干也。君子体仁足以长人；嘉会足以合礼；利物足以和义；贞固足以干事。君子行此四德者，故曰'乾：元、亨、利、贞'。……夫'大人'者，与天地合其德，与日月合其明，与四时合其序，与鬼神合其吉凶。先天下而天弗违，后天而奉天时。""元"是善的首位，"亨"是美的集合，"利"是义的应和，"贞"是百事的主干。君子实行仁就可以做人的首长，集合美就可以合于礼，对人事有利就可以与义相应和，坚持正道就可以做成诸事。君子就是能够实行仁、礼、义、正四种美德的人。人的一切活动要合乎天地规律，天人合一。

乾卦在六十四卦中排第一。《易传·序卦》中"有天地，然后万物生焉"。乾卦卦象为天，卦数为1，卦德为健。乾卦是纯阳之卦。阳数（奇数）极数为九，乾卦六爻为初九、九二、九三、九四、九五、上九。

乾卦是龙的象征，中国文化是龙的文化。古代从分官之始，即以龙为官名，如龙帝、龙师。龙是中国文化最伟大的标记，中国文化对那些伟大的、吉祥的、令人崇敬的万象，每以龙为标记。中国的龙，老实说没有人见过，实际上中国文化的龙就是八个字："变化无常，隐现不测。"

龙在中国文化中的至上尊位使中华儿女都以身为龙的传人而自豪，祖国大陆人民和港澳台同胞都是龙的传人，我们同根、同祖、同文，同胞情一家亲。我们都是中国人，永远烙上中国印。我们都要有中国心，以爱国主义精神构筑起民族的脊梁！伟大的祖国万岁！

我根据自己对乾、坤两卦的简要体悟，写了一首小诗，献给抗疫英雄：

英雄儿女·生生不息

天行刚健啊

勇敢的中华儿女

战役令下

奋不顾身逆行

生命点亮微笑

飞龙在天啊

坚强的中华儿女

信念如磐

穿越风霜雷火

春光神州照耀

黄中通理啊
智慧的中华儿女
银装素裹
纯美真容含章
亿万颗心知道

厚德载物啊
善良的中华儿女
真心深情
胞泽之谊不舍
生命紧相拥抱

生生不息啊
英雄的中华儿女
热血流淌
正气一腔激荡
乾坤太平大道

（原载《人民政协报》2020 年 4 月 25 日第 7 版）

坤 卦

坤：元，亨，利牝马之贞。君子有攸往，先迷；后得主，利。西南得朋，东北丧朋。安贞，吉。

初六，履霜，坚冰至。

六二，直方大，不习，无不利。

六三，含章，可贞，或从王事，无成有终。

六四，括囊，无咎无誉。

六五，黄裳，元吉。

上六，龙战于野，其血玄黄。

用六，利永贞。

坤卦是《序卦》中第二卦。

《彖》曰："至哉坤元，万物资生，乃顺承天。坤厚载物，德合无疆。含弘光大，品物咸亨。牝马地类，行地无疆，柔顺利贞。君子攸行，先迷失道，后顺得常。西南得朋，乃与类行。东北丧朋，乃终有庆。安贞之吉，应地无疆。"

《象》曰："地势坤，君子以厚德载物。"

"初六，履霜，坚冰至。"倒数第一阴爻：踩着霜，坚冰将要到来。

《象》曰："'履霜''坚冰'，阴始凝也。驯致其道，至坚冰也。"踩着霜，阴气开始凝结，顺着推求它的自然规律，会达到"坚冰"的。霜降之后自然预示着坚冰的到来。

"六二，直方大，不习，无不利。"倒数第二阴爻：正直、端方、博大。顺着天道是直，地道是方、大。直以方内，义以方外，即便不熟悉，也没有不利。

《象》曰："六二之动，直以方也。'不习，无不利'，地道光也。"六二的变动，"直"且"方"，"不习无不利"，地道广大。

"六三，含章，可贞。或从王事，无成有终。"倒数第三阴爻：大地含蕴着文采，柔而贞正，从事王事，没有成法（法式），但有结果。有事则从，不敢为首，不为事主，功成身退，方可有终。

《象》曰："'含章可贞'，以时发也。'或从王事'，知光大也。""含章可贞"，按时候发动；"或从王事"，才智广大。

"六四，括囊，无咎无誉。"倒数第四阴爻：扎好口袋，无失也无得。

《象》曰："'括囊无咎'，慎不害也。""括囊无咎"，谨慎而没有咎害。

"六五，黄裳，元吉。"倒数第五阴爻：穿着黄色衣裳，大吉。

《象》曰："'黄裳元吉'，文在中也。""黄裳元吉"，外加罩衣，文采在内。

"上六，龙战于野，其血玄黄。"最上面的阴爻：两龙在野地相斗，它们的血呈玄黄色（含有不吉利意）。

《象》曰："'龙战于野'，其道穷也。""龙战于野"，其道穷极，穷极而变。

"用六，利永贞。"用六：利于永久守持正德。

《象》曰："用六'永贞'，以大终也。"用六"永贞"（由阴变阳），以小变大来做终结。阴阳转化，万物交感。

《文言》曰："坤至柔而动也刚，至静而德方，后得主而有常，含万物而化光。坤道其顺乎，承天而时行。积善之家，必有余庆；积不善之家，必有余殃。……君子黄中通理，正位居体，美在其中，而畅于四支，发于事业，美之至也。"坤卦六爻皆阴，极阴柔，它的变动生出阳爻来，所以有刚，极静而坤德是方正的。由坤变动后产生阳爻，阳是主，后来得主而有常道。地含藏万物而化育广大，坤道是顺吧，承奉天道而按时行动。积善的人家一定有更多的吉庆，积不善的人家一定有不断的灾祸。……君子黄裳在中间，指中心通于道理。端处正位而守礼，美在内心，畅发于四肢，表现在事业中，是极好（柔美）的。

坤卦在《序卦》中排第二，坤卦所象征的大地的基本属性是柔顺，顺天而动，生养万物。因此，《象》将坤卦所体征的精神概括为"厚德载物"，以此作为乾卦"自强不息"精神的补充。《文言》又结合对坤卦卦爻辞的解说对这种精神进行了阐发。"厚德载物，合德无疆，含弘光大，品物咸亨"，这是孔子对坤卦的赞美。坤卦代表大地，孔子赞美大地，要我们效法大地厚德。地有多么厚重？她可以承载万物，圆融广大。

什么是无疆？无疆就是德行广大到无边无界，含蓄光明，包容万象。万事万物都靠大地生长。从人文角度讲，我们要像大地一样修养自身品德，尤其是领导干部，要学会担当、包容，求同存异，聚同化异，鼓励创新，激励成功。坤卦是副手，自己要定好位，乾是主导，坤是配合，刚柔相济才会形成真正的力量。当然，柔顺的顺不是消极，而是原则不变，顾全大局，积极去做人、做事，有柔顺的品德、广阔的胸怀，厚德载物。

坤卦初六爻爻辞为"履霜，坚冰至"。霜出而冰至是一种自然现象，它体现出事物循序渐进、由少积多、积微成著的变化发展规律。引申到人事中，就家庭而言，行善积德，日久天长必有吉祥；行恶积怨，日久天长必遭祸殃。个别地方产生祸乱也绝非一朝一夕之故，只不过是其萌芽细微，没有觉察而已。所以我们要见微知著，未雨绸缪，深入实际，调查研究，把矛盾化解在萌芽阶段，维护安全稳定的局面，促进经济社会健康发展。

坤卦六二爻爻辞为"直方大，不习，无不利"。直接着眼于人的德行，认为做人行事只要身正而行直就会得到人们的信任、理解和支持，远离祸患。这个爻辞中的"方"，不是说"天圆地方"。"方"是指地的方位，如东南西北中。

坤卦六三爻爻辞为"含章，可贞。或从王事，无成有终"。卦中"含章"的"章"代表光明与美丽，"可贞"是很正。"含章，可贞……无成有终"，蕴含美德，功成不居，含蓄才能而不露锋芒，而获善终。好的东西要学会"含"，不太成熟的东西不要张扬，不该张扬的更不要张扬，要自强不逞强。"无成有终"，有功劳也要谦虚谨慎，更不能抢功推过，功成不必在我，月亮是靠太阳才发出光的。

坤卦六四爻爻辞为"括囊，无咎无誉"。这是说天地变化，上下交接，草木才能繁盛；天地闭塞，上下隔绝，万物便会凝滞不化。

古代如遇新旧更迭，有德之士宜谨慎言行，犹如紧束囊口，如此便可没有过错也没有荣誉。今天，我们在和平盛世做人做事，一定要守底线，不能妄为妄言，不该做的、不能做的不做，不该说的、不能说的不说，慎言慎行，没有害处，"括囊无咎"。

中国特色社会主义已走进新时代，我们一定要增强"四个意识"，坚定"四个自信"，做到"两个维护"。

坤卦六五爻爻辞为"黄裳，元吉"。人内心善美，则通情达理，居于正位而付诸行动，体现于事业，则可获大吉。

古人称上体所穿服饰为衣，下体所穿服饰为裳，裳象征谦下，这是大吉之兆。这种和顺谦下是蕴于中而形于外的，是忠诚的。例如，三国时代的诸葛亮，"鞠躬尽瘁，死而后已"。

坤卦上六爻爻辞为"龙战于野，其血玄黄"。上六爻也是自下往上的最后一爻，这里也把乾卦的龙引出来了，龙战于野，战而流血，其血玄黄。玄色为青色，早晨起来观察天象，天苍苍，野茫茫，有玄黄之色。坤卦阴到极点。六阴到顶，转阳了，这是事情转化的必然现象。转化有痛苦，有一种痛苦不是失败的痛苦，而是新生的痛苦，同时新生中蕴含着希望。

坤卦展现了坤顺乾、阴顺阳、阳承阴的全部过程。初六"履霜"，防微杜渐；六二"直方大"，坤德完美；六三"含章"，藏而不露，不居功自傲；六四"括囊"，六五"黄裳元吉"，位尊而谦，上六"龙战"，阴气盛极，走向反面。坤卦凝集了柔顺者大地的哲学之道。

我在许多年前体悟坤卦写了一首小诗，摘录如下：

大地

地势坤，厚德载物

大地啊，这是您柔顺的品格

这是您广阔的胸怀

这是您坚强的承载

这是您天人的和谐

大地啊，您从容涵育世间的一切

厚德载物是您无私的大爱

地势坤，厚德载物

大地啊，您扬眉吐气喜迎春风绿浪

您默默无闻耐受夏日炎炎

您胸有成竹收获金秋硕果

您满怀信心启迪冬去春来

大地啊，您从容涵育世间的一切

厚德载物是您无私的大爱

（原载《人民日报》2009 年 3 月 21 日第 3 版）

《周易·乾卦·象》："天行健，君子以自强不息。"《周易·坤卦·象》："地势坤，君子以厚德载物。"乾为阳，为天，为龙。地为阴，为地，为牝马（母马）。阴阳和合构成了乾坤精神、天地精神、龙马精神。

乾坤精神、天地精神、龙马精神蕴含天人合一、阴阳平衡与和谐美好的寓意。"天人合一"是中华传统文化的根本观念之一，是中国哲学的基本精神，是中华民族追求的最高境界，其意蕴广远。

天人合一之"合"就是合于"气"，此气分为阴阳二气，万物负阴而抱阳，冲气以为和。阴阳二气和合交感，长养出宇宙时空、壮丽山河。

阴阳交感是万物化生的前提，万物和谐是宇宙自然生生不已的不竭动力。和谐是中华传统文化的根本精神，其体现就在于阴阳二气的交感，在于天地的交泰，在于龙马的互融。龙马是纯阳之乾与至阴之坤的结合体，它既象征着刚健、明亮、热烈、高昂、升腾、饱满、昌盛与发达，又代表着崇高、顺承、厚实、涵容、广大、柔和、执着与恒久。

龙马精神是中华民族自古以来所崇尚的自强不息、奋斗不止、积极进取、兼容并蓄、厚德载物的民族精神。《尚书中侯·握河纪》有言："伏羲氏有天下，龙马伏图出于河。"可见，"龙马"是将"河图"带给中华民族的祥瑞象征。龙马就是仁马，它代表了中华民族的主体精神和高尚道德。

干宝曰："行天者莫若龙，行地者莫若马。故乾以龙繇，坤以马象也。"可知龙马原来即指乾坤，指天地。龙马的相摄相入、融合互依，既是阴阳平衡的突出体现，又是天人合一的稳固基石，更是和谐美好的完美象征。发扬龙马精神对进一步弘扬中华传统文化精华，发挥优秀传统文化在构建和谐社会与人类命运共同体中的文化力量，具有十分重要的意义。

《易经》是天人合一的宇宙观，是太极阴阳的哲学体系，不是遇到一卦解一卦，遇到一爻解一爻，爻跟卦走，卦跟乾坤走，乾坤跟《易》走，《易》

跟天道走。"《易》与天地准，故能弥纶天地之道。"乾坤两卦合称为《易》之精蕴。《易传·系辞上》曰："乾坤，其《易》之蕴邪？乾坤成列，而《易》立乎其中矣。"因此，读《易经》，首先要从乾坤两卦打开总门户，必须对这两卦认真研读。

坎 卦

习坎：有孚维心，亨。行有尚。

初六，习坎，入于坎窞，凶。

九二，坎有险，求小得。

六三，来之坎坎，险且枕，入于坎窞，勿用。

六四，樽酒，簋贰，用缶，纳约自牖，终无咎。

九五，坎不盈，祗既平，无咎。

上六，系用徽纆，置于丛棘，三岁不得，凶。

坎卦是《序卦》中第二十九卦。

乾、坤、坎、离是《易经》的精华。儒家思想重乾、坤，乾先坤后；道家思想对坎、离两卦反映得较多。在《易经》中，乾坤为体，坎离为用。

坎卦的卦辞是"习坎：有孚维心，亨。行有尚"。习：重叠；孚：诚信。面对重重坎坷，仍然用诚信维系一种良好心态，行为高尚，这样才能亨通。此处的诚信指刚中之德。

坎卦为水德。上善若水，水是做人的最高境界，也是管理的最高境界。水是低姿态、高境界，老子对水有极高的评价，值得我们好好学习。按照水德教化人，可以"以德立身，化险为夷"。

坎卦初六爻（倒数第一阴爻）爻辞为"习坎，入于坎窞，凶"。习：双重；窞：坎水中之穴。进到坑里，下面还有坑，有双重之险，像陷入河水中的暗穴一样，故称之为"凶"。

行为不正，泥足深陷，不能自拔，有凶险。人一定要走好人生之路，犯了错要及时改正，不能在歪门邪道中越走越远，陷入违法犯罪的深坑，自食恶果，教训惨重。

坎卦的九二爻（倒数第二阳爻）爻辞为"坎有险，求小得"。坑里有危险，人入坑内，只能得到较小的好处。

"坎有险，有小得"，要从小事做起，积细流成江河，谨慎谋求，不要强求。我在这里举个例子：某家失火，浓烟滚滚，不要因为寻找贵重物品而进险区，被烟雾吞没，甚至丧失生命。险中之得一定要谨慎谋求。我们要深悟"塞翁失马，焉知祸福"的道理。

坎卦六三爻（倒数第三阴爻）爻辞为"来之坎坎，险且枕，入于坎窞，勿用"。枕：靠近，深。来到坑里，坑险又深，下面又有坑，不能再进去了。陷到深坑，当然不能行动，但并非不动，在困境中完全不动，消极等待也会厄运临头，"勿用"，就是不能轻举妄动。

坎卦六四爻（倒数第四阴爻）爻辞为"樽酒，簋贰，用缶，纳约自牖，终无咎"。樽：古代的高足酒器（高脚杯）。簋：盛饭的器皿。牖：窗户。一杯酒，两碗饭，用瓦器盛着，从窗户里送进取出，终于无害。建立和谐关系，只需以简朴方式，在危险中有许多东西都变了，人际关系也变了，在凶险的境况下，还是要多一点变通，非常时期非常对待。

坎卦九五爻（倒数第五阳爻）爻辞为"坎不盈，祗既平，无咎"。祗：通"坻"，小丘。坑没有填满，小丘的土已经铲平，无害。

水流不盈，持盈保泰。做任何事情要力争持平保平，平衡发展。在遇到重大危险时大家不要慌乱，要镇定，临危不乱，险情还没有发展到顶点（坎不盈），想办法脱险。

坎卦是两个坎卦的经卦相重。《象》曰："'习坎'，重险也。"重重险陷，只有不失诚信，才能亨通。坎是阳之陷，一阳陷二阴之中。《序卦》："物不可以终过，故受之以坎。"坎的象征是水，水总是在低洼处，所以坎又有坑陷，这也象征人生旅途中都有艰难险阻。南宋诗人杨万里有一首诗："莫言下岭便无难，赚得行人错喜欢。正入万山圈子里，一山放过一山拦。"(《过松源晨炊漆公店》) 临危不乱，屡历险境，不断加强对复杂艰险局势的识别、适应，不断增长经验智慧，才能出坑陷，保平安。水流而不盈，行险而不失其信。坎卦九二爻、九五爻都是阳爻，刚中不屈，百折不回。大河向东流，要守中道、行正道。

坎卦上六爻（最上阴爻）爻辞为"系用徽纆，置于丛棘，三岁不得，凶。"徽：三股。纆：两股。用绳索捆绑俘虏，放在荆棘丛生之处，三年都不放他回来，其前途必然是凶多吉少。

坎水在老子自然无为的观念下，就有柔弱、不争、居下、谦退的含义。对处事而言，以上也可作为一个谋略行为来看待，退并不一定是示弱，也可视为战略性或战术性转移，等待时机，再采取对自己有利的行动。

进退为阴阳观念的一体两面：

> 明退暗进，
>
> 先退后进，
>
> 适时退进，
>
> 以退为守。

当机立断的退，不能优柔寡断，犹豫不决，知进退，应为领导者不可缺少的素质。

唐代有首禅诗值得体悟：

> 手把青秧插满田，
> 低头便见水中天。
> 心地清净方为道，
> 退步原来是向前。

坎卦卦象是水，卦德是陷、险。坎水的内涵包括：

（一）天一生水，水为五行之一，五行为金木水火土。水为氢氧化合物 H_2O。

（二）水性润下，水能生万物。

（三）水谦下不争，水有平等性、渗透性、化解性、包容性、坚定性——百折向东。

（四）水能载舟，亦能覆舟。

（五）水火不相容，但水火既济。（既济卦是《序卦》中第六十三卦）

（六）方位：北方。

（七）五味：咸、酸。

（八）五色：黑。

（九）天时：月、雨、雪、霜、露。

（十）人物：中男。

（十一）身体：耳、血、肾。

（十二）时序：冬十一月、子年子时。

人体内 70% 左右是水，源头在肺，"肺为水之上源也"，肺辅心主血，通调水道。脾是"节制闸"，脾属土，挡水制水。水向下，下泄肾、膀胱。肾主水，肾是命门，肾本身水火相济，人要睡好觉须心肾相交。这也是我多年向多位国医大师、院士请教学习《黄帝内经》得到的一些体悟。

水的价值无比，包括水资源、水环境、水文化等。这里我重点谈谈水文化。水是生命之源，就文字来说，水不仅是审美对象，更是一种审美方式。文人笔下的水细腻柔婉、舒卷自在、轻盈灵动、清新秀美、变化万千。

1. 瀑布：飞天而起，飞流直下三千尺。

2. 水性文明："大道无形"，水千姿百态。过热就是蒸汽，飞升为云，低降为雾，寄身草木为露，冷凝为冰，破石而出为泉。

3. 军民关系：鱼水情深，水乳交融。

4. 友好邻邦：一衣带水。

5. 知音：高山流水。

6. 友情：桃花潭水。

7. 音乐美：叮咚泉水。

8. 环境：小桥流水。

9. 水的力量：水可载舟，水可覆舟。人要有敬畏之心。

10. 以柔克刚：抽刀断水水更流，滴水穿石。

11. 情感形态：一如流水，轻柔、婉转、缠绵、回荡、激勇、狂奔。

大自然太美了！文化是自然的人化、人化的自然，文化化人，此时我的心境一如流水。

水是流淌的云，云是飞翔的水。

离 卦

离：利贞，亨。畜牝牛吉。

初九，履错然，敬之，无咎。

六二，黄离，元吉。

九三，日昃之离，不鼓缶而歌，则大耋之嗟，凶。

九四，突如其来如，焚如，死如，弃如。

六五，出涕沱若，戚嗟若，吉。

上九，王用出征，有嘉折首，获匪其丑，无咎。

离卦是《序卦》中第三十卦，是八经卦之离卦相重。

离卦卦象为火，卦德为丽。《象》曰："离，丽也。"离为附丽，依附也。人遇坎坷，遭险难，必附丽他人以为援，故坎卦之后继以离卦。我多次听过冯骥才老师讲的一句警句："太阳是黑夜下的蛋。"充满了人生哲理，意味深长。天下之人，悦其照耀，光辉盛美，顺而从之，事皆昭彰，令誉显著。君子得之，则为离明之象。

离卦卦辞为"离：利贞，亨。畜牝牛吉"。牝牛：母牛。此卦六二爻、六五爻象征母牛，有坤卦的德行，柔顺，守贞，亨通，有好结果。

离卦初九爻（倒数第一阳爻）爻辞为"履错然，敬之，无咎"。履：鞋也。错：黄金色之貌。穿金色鞋之贵人，有权有势，如不敬之，则招来灾咎；敬之，可以避免灾咎也。另一说：践行正而错落有序，恭敬处之，可以避免咎害。《论语·子路》："居处恭，执事敬，与人忠。"由此可知，离卦初九爻爻辞是说，谦恭敬慎，必无咎害，不能乱步，要有章法。

离卦六二爻（倒数第二阴爻）爻辞为"黄离，元吉"。黄：五色之中色，喻六二居中。离：螭龙也，云气似龙形，虹之类也。黄离：黄霓。古人认为黄霓出现在天空是大吉之兆。《易传》认为黄是美丽之色，可比人之美德，人有美德附丽于身心，故大吉。

离卦九三爻（倒数第三阳爻）爻辞为"日昃之离，不鼓缶而歌，则大耋之嗟，凶"。昃：太阳偏西。缶：瓦器。耆：六十岁以上。耋：七八十岁。耄：八九十岁。期颐：百岁。嗟：感叹词。太阳偏西，快落山了，此时如不顺时，鼓着缶高歌以自乐，那么到了老暮之年只能空悲叹了，是凶矣。该爻辞在倒数第三爻位上，"三多凶"，应该警戒，应该忧患，而自身不忧，乐天知命。太阳西斜，依然恋恋不舍，依附在天上，是"人生暮景"的写照。人到退休时，要颐养天年，以娱晚年。旧社会"苦度晚年"，新社会"安度晚年"，中国特色社会主义新时代"欢度晚年"。微霞满天，发余光余力。退休老同志虽没有"职位"，也要多用智慧贡献社会。夕阳有诗情，黄昏有画意。下面，我想送给老同志一首小诗：

乐悟黄昏

黄昏

太阳托出金色脸庞

微霞

花团锦簇彩云飞扬

树影

花谢叶落简洁冬藏

夕阳

恬淡静逸善美华章

往事

沐浴阳光茁壮成长

记忆

青春燃烧岁月风光

如今

挽手相扶前行远方

喜看

儿女兴旺芳华绽放

历程

时空变幻光影交响

凝望

家国情浓共圆梦想

（原载 2020 年 7 月 3 日《中国老年报》）

随着年龄的增长，老年人体力也在衰减，这是"夕阳无限好，只是近黄昏"，要尊重自然规律，做事不能太急太快，防跌跤防扭伤，选适合的愉悦身心的项目，量力而为，要减"当年勇"。

离卦九四爻（倒数第四阳爻）爻辞为"突如其来如，焚如，死如，弃如"。古人对不孝之子、不忠之臣、不顺之民，则流放之，如其归来，则或焚之、或死之、或弃之。另一说：此谓日出之象，突然出现一片霞光，像烈火燃烧的样子，但顷刻之间又消失了，如同被抛弃一样。

离卦六五爻（倒数第五阴爻）爻辞为"出涕沱若，戚嗟若，吉"。沱：涕泪纷下。若：语助词。戚：忧也，悲也。哭泣而流泪，忧悲而嗟叹，将转祸为福，逢凶化吉。离卦的六五爻是阴爻居阳位（五是阳数，六五的位居阳），自己能力不够，所以感到悲伤，但又是吉利的。为什么？能看到自己的不足，这样才能奋进，自知者明，像乾卦九三爻那样，能"君子终日乾乾，夕惕若厉，无咎"。古人言："人无远虑，必有近忧。"

离卦上九爻（最上阳爻）爻辞为"王用出征，有嘉折首，获匪其丑，无咎"。嘉：喜事也。折首：斩首。匪：通"非"。王出兵征伐，有战胜之喜事，斩敌人之头，捉得敌人，无灾咎。也有人用今天的话说，首恶者必办，对俘虏实行优待政策，对不依附者加以讨伐，武力征伐和分化争取相结合。

我们中华民族自古热爱和平，反对分裂，反对侵略，反对战争。在中华的文字中，"武"字是个会意字，为"止戈"之意。我们热爱和平，但我们也有底线，不惹事，也不怕事。我们要按照习近平总书记提出的要求，坚持一个中国原则，维护和平统一前景。两岸同胞是一家人，两岸的事是两岸同胞的家里事，当然也应该由家里人商量着办。我们要旗帜鲜明地反对"台独"。我们要同世界各国人民深入交流，互学互鉴，推动构建人类命运共同体。

离卦的卦象为火，卦德为丽。离火的内涵包括：

（一）火为五行之一，火为燃烧体。

（二）火性炎上。

（三）火有光明、温暖、激励之功。

（四）火有焚烧毁灭之能。水火不能乱玩。飞蛾扑火自取灭亡，对此我突发奇想：飞蛾扑火，它追求明亮，但它愚昧无知，很快被火烧焦。

（五）水火未济，上下悖离。

（六）五行：火。

（七）方位：南方。

（八）数字：三。

（九）人物：中女。

（十）天气：阳光普照、闪电。

（十一）身体：眼睛、心脏。

离火炎上，火的燃烧要有附着物，离卦讲的依附之意，也可理解为一种人生手段，而不是人生目的。离卦卦辞为"离，利贞，亨"，有正确目的的依附，是有利于健康生存发展的行为。持中守正，"外圆内方"，保持自己的人格尊严，虚心实腹，依靠援助，谨慎从事，以防过失，顺其自然，恬淡乐观，君子爱财，取之有道，身处逆境，要有信心，春风得意时要有忧患意识。

坎、离两卦，坎阴中含阳，离阳中藏阴，两卦合起来，表面上水火不相容，实际上是水火既济（相济），坎水在离火上，能救火灭火，但是火大水少，也能把水烧干。水火相济，你中有我，我中有你，谁也离不开谁。全国各族人民大团结，同心同德，万众一心，才能实现中华民族伟大复兴的中国梦！

泰 卦

䷊

泰：小往大来，吉，亨。

初九，拔茅茹，以其汇，征吉。

九二，包荒，用冯河；不遐遗。朋亡，得尚于中行。

九三，无平不陂，无往不复。艰贞无咎。勿恤其孚，于食有福。

六四，翩翩，不富以其邻，不戒以孚。

六五，帝乙归妹，以祉元吉。

上六，城复于隍，勿用师，自邑告命。贞吝。

泰卦是《序卦》中第十一卦。

"泰"有通达、安宁的意思：

（一）自然之泰，"则是天地交而万物通也"。

（二）国家之泰，"上下交而其志同也"。

（三）个人之泰，阴阳平衡，身心和谐，气血通畅。

（四）东方方位，旭日东升，万物随阳气上升而升发。

（五）时令占春，北斗星斗柄回寅。

（六）月份：正月。三爻皆阳，三阳开泰（这里的阳指阳气，不是指动物"羊"）。

（七）节气：立春、雨水。

泰卦卦辞为"泰,小往大来,吉,亨"。阴气上升,阳气下降,阴阳相交,和谐统一。在《易经》中,乾为天,为阳,为大;坤为地,为阴,为小。阴阳和畅,所以泰卦坤在上,乾在下。

阴气(小),往上升(往);阳气(大),向下降(来)。"小往大来"指天地气象,自然物候统一体阳面上升,阴面下凝,阴阳协调,上下交泰,云行雨施,天地交合,万物萌生,上下通达,协调一致。

泰卦体现了大自然的道理,在我们工作实践中,同样要遵循天地之道,顺应阴阳协调、上下沟通交泰的规律办事,上传下达,政通人和,国泰民安。

泰卦初九爻(倒数第一阳爻)爻辞为"拔茅茹,以其汇,征吉"。茅:草也。茹:茅根。汇:类也。茅草及其同类之物有害于庄稼,必须连根拔除,也易于拔去。茅草必须拔除,犹对敌国侵略必须征伐,其结果必能胜利。

泰卦九二爻(倒数第二阳爻)爻辞为"包荒,用冯河,不遐遗。朋亡,得尚于中行"。包:瓠(葫芦)。荒:大也。冯河:浮水渡河。遐:远也。此是古代故事:有人行至河边想渡河,见大葫芦,遂缚于腰间,不至于沉下水去,又不远弃朋友,甘冒危险,携之共渡,二人均得过河。此义举在路中得到其友赏赐,义行光明正大,行之有利。同舟共济,患难与共,朋友情真。

泰卦九三爻(倒数第三阳爻)爻辞为"无平不陂,无往不复。艰贞无咎。勿恤其孚,于食有福"。陂:坡也,倾也。恤:忧也。孚:古"俘"字,掠夺也。天地间事物未有平而不坡者(不倾斜的),未有往而不返者。占问艰难之事则无咎,艰难将要过去而平坦即将来到。勿忧被人掠夺,在饮食上有福可享。

这里已经是三根阳爻上升了，变为乾卦，上面三根爻都是阴爻，是坤卦。泰卦六五爻（阴爻）与九二爻（阳爻）正应就是阴阳交泰。泰卦初九爻（阳爻）与六四爻（阴爻）、九二爻（阳爻）与六五爻（阴爻）、九三爻（阳爻）与上六爻（阴爻），三对刚柔相济，实质是阴阳平衡——通泰：（1）交感；（2）交流；（3）交往；（4）交通；（5）交合；（6）交泰。这六个词是相通的，都可用在泰卦上。

泰卦九三爻中的"无平不陂，无往不复"两句已成了警句，指事物相反相成，对立转化，和谐统一。《诗经》中有"高岸为谷，深谷为陵"，这就是平陂往复，正是沧海桑田的形象写照。

我多次到紫金山天文台调研请教，了解银河系星球的生成运转变化。紫金山天文台台长常进院士说，世界万物都有循环，有速度，有能量，旧的不去，新的不来，循环往复，生生不息。他的话对我很有启发。宇宙万物都是旋转的，圆周上每个点既是起点也是终点，山顶既是上山的终点，也是下山的起点。人往远处走，是人生追求，人再回头走，也是追求人生。钟表可以回到起点，却已不是昨天。

泰卦六四爻（倒数第四阴爻）爻辞为"翩翩，不富以其邻，不戒以孚"。翩翩：鸟之飞舞，比喻人之游荡。此游荡者原本是富人，今则不富了，不富是因为他的邻居掠夺了他的财物。其人游荡，不自戒备，故遭掠夺。另一说，翩翩读为谝谝，巧言欺人。此谝谝者耗尽自家财物而不富矣，又骗取其邻之财物，累及其邻，则不告诫以诚信，因为告诫也无益。

泰卦六五爻（倒数第五阴爻）爻辞"帝乙归妹，以祉元吉"。帝乙：殷帝名乙，纣王之父，殷代倒数第二个王。归：嫁也。妹：少女通称。殷帝乙嫁女于周文王，为周邦之王妃，因而得福，是大吉之事。其事结婚姻之好，出于两君所愿，行事得其正，故得福而大吉。殷纣王之父帝乙内刚外柔，亨通吉祥，刚柔应和，礼贤下士，将其女嫁给当时部下西部诸侯姬昌，与昭君出塞、文成公主嫁给松赞干布一样，都是为了和睦和谐。

泰卦上六爻（最上阴爻）爻辞为"城复于隍，勿用师，自邑告命，贞吝"。复：覆，倾倒。隍：干的城下沟。自邑告命：在自己统治的范围内发布命令。此是古代故事，某国君下令用兵出征，值城墙倒塌在干城沟里，邑人请命不要用兵，因退不可守，不可用兵。面临困难，用兵之令乃错乱失当也，要慎用武力。当今我们对待两岸关系，坚决反对"台独"分裂势力，积极推动和平统一。同时，我们也有底线，不承诺放弃使用武力。

中华民族历来是一个热爱和平的民族，爱好和平的思想深深嵌入了中华民族的精神世界。"四书""五经"中有许多精义："国泰民安""保合太和""睦邻友邦""天时地利人和""以和为贵""和而不同""化干戈为玉帛""仁民爱物"等理念世代相传。

习近平总书记多次在重要场合谈及中华民族和中国人民对于和平的尊崇和热爱，在《习近平谈治国理政》第三卷中，他指出，中国共产党和中国人民"从苦难中走过来，深知和平的珍贵、发展的价值"。"维护和平是每个国家都应该肩负起来的责任。"我们一定要按照习近平总书记的要求，加强同世界各国人民的交流交往、增进信任友谊，全力推动构建人类命运共同体，共同维护世界和平！

否 卦

否：否之匪人，不利君子贞，大往，小来。

初六，拔茅茹以其汇。贞吉，亨。

六二，包承，小人吉，大人否。亨。

六三，包羞。

九四，有命无咎，畴离祉。

九五，休否，大人吉。其亡其亡，系于苞桑。

上九，倾否，先否后喜。

否卦是《序卦》中第十二卦。

天地否卦，乾上坤下，闭塞不通。否卦卦辞为"否之匪人，不利君子贞，大往，小来"。阴阳二气，相反运动，分离而不相交互。否卦与泰卦相反，天在上地在下，阳气上升，阴气下降，阴阳不交合，阳大阴小。泰卦卦辞中是"小往大来"，否卦卦辞中是"大往小来"。泰否是乾坤运动的两种形态，泰极否来。

否卦初六爻（倒数第一阴爻）爻辞为"拔茅茹以其汇，贞吉，亨"。茅：草也。茹：根也。种田人拔去茅草根和同类杂草，以免其危害庄稼。这是好事，行之能通。同时也比喻古时大臣除去朝中奸恶小人，为君谋利益，行为是正的，结果是吉利的。

否卦六二爻（倒数第二阴爻）爻辞为"包承，小人吉，大人否。亨"。包承：包裹蒸肉，祭也。祭祀时，庶民无牲可献，只有包裹蒸肉可供，是小裕之象。贵族无牲可献，只有包裹蒸肉可供，是没落之象，故为否。诸葛亮《出师表》中有"亲贤臣远小人"，古今说起小人，往往多指这些言行：弄虚作假、阳奉阴违、狐假虎威、挑拨离间……当然小人不一定都是指坏人，这也是有底线的，有高压线的，对违纪违法的当然要依纪依法处理。做人要守正守德，不道德的事坚决不做，要光明正大、光明磊落。"小人吉，大人否"，小人得势、君子处否之时，要擦亮眼睛、划清界限，不受小人迷惑，甘守寂寞。面对闭塞，自处自正自尊，"不乱群"（《象》），绝不能同流合污，一定要站稳脚跟、坚定不移，"八风吹不动"。这不仅是固守，同时也是等待事态变化，以求发展。

否卦六三爻（倒数第三阴爻）爻辞为"包羞"。包：裹也。羞：熟肉。古代祭祀时以物包裹熟肉。《象》曰：因其人德才不称其职位，故招致耻辱也。

否卦九四爻（倒数第四阳爻）爻辞为"有命无咎。畴离祉"。命：命运。畴：寿。离：附也。祉：福。有命运安排（顺其自然）无灾咎。寿附于福，高年之寿附于富贵之福，福寿双全。

否卦九五爻（倒数第五阳爻）爻辞为"休否，大人吉。其亡其亡，系于苞桑"。休：恐惧，忧患。苞桑：苞草，桑枝。像系在柔弱的苞草桑枝上一样危险，常恐惧否运之来，则能勤勉谨慎，大人如此则吉（这样担心，故能转危为安，通顺）。

否卦上九爻（最上阳爻）爻辞为"倾否，先否后喜"。顷刻之间否运已届终，先否而后喜。上九爻是否卦之终爻，像人之否运届终。物极必反，否极泰来，欢庆喜悦。另一说：倾覆否卦则可得泰卦。

中国特色社会主义走进新时代，我们要持赢保泰、国泰民安，要注重以下几个方面：

第一，要加强学习，坚持科学理论的指导，把握正确舆论导向。我们广大干部，特别是领导干部，要认真学习领会习近平新时代中国特色社会主义思想。当前，要认真学习《习近平谈治国理政》第三卷，学习理论，武装思想，指导实践。同时还要学习哲学、历史、现代科技、文学艺术等，扩大知识面，开阔视野，提高理性思维能力和解决问题的能力，求真务实，为民谋利干实事。

第二，加快经济社会发展。发展是"一江春水"，不发展是"一潭死水"。只有发展才能国富民安，只有发展才能使民族强盛，屹立于世界民族之林。党中央抓"脱贫攻坚"，英明正确，得民心，安人心。

第三，促进文化的繁荣发展，推动文化走出国门。现在实施乡村振兴战略，建设社会主义新农村，不仅要道路"硬化""亮化""绿化"，还要加上"文化"。

第四，抓好生态文明建设，提高人民生存、生活、生命质量。我们要深悟总书记"绿水青山就是金山银山"这一科学论断的精髓。

第五，要维护全社会安全安定，促进人民幸福安康、国家长治久安。对于人命关天的大事，我们的工作一定要深入细致、见微知著、未雨绸缪，全力保"万无一失"。血和生命的沉重代价告诉我们，对个体生命和家庭来说，没有"万无一失"，只有"一失万无"。我们要警醒啊！

同人卦

同人：同人于野，亨。利涉大川，利君子贞。

初九，同人于门，无咎。

六二，同人于宗，吝。

九三，伏戎于莽，升其高陵，三岁不兴。

九四，乘其墉，弗克攻，吉。

九五，同人先号咷而后笑，大师克，相遇。

上九，同人于郊，无悔。

同人卦是《序卦》中第十三卦。

同人卦，上面是天，下面是火，天火同人。

同人卦卦辞为"同人于野，亨。利涉大川，利君子贞"。同人之卦象是君在上，臣民在下，臣民赞同其君，君以田猎、战争等事而出于野，臣民皆赞同之，所以亨通，涉大川之险亦利。

同人卦天在上火在下，阴阳二气是螺旋式交合。"一生二，二生三，三生万物，万物负阴而抱阳，冲气以为和"，如太极图，阴阳动态平衡旋转：一团和气。

同人卦初九爻（倒数第一阳爻）爻辞为"同人于门，无咎"。同人：聚众也。同于门外之人，出门即能同人，与之协作，上下团结，上情下通，必无咎害。含弘光大，和同于人，在于门外，出门皆同，无咎。

对待一切善良的人，不管是家属还是朋友，都应该有几个字的箴言：

一是"真"：真诚，诚在天为道，在人为诚。

二是"情"：情绪、情感要平和，对好人要有真情实意。

三是"让"：狭路相逢须转身，来去都是过路人，让一步有余地。

四是"忍"：相互容忍，忍是痛苦，是境界，也是一种爱，要不说过激话，不做过激事。

五是"慧"：要学会理解、化解，特别是在家庭里，要长别人的志气。家更多是讲"情"的地方，家要有传统美德、纯正家风。

六是"笑"：拳头不打笑脸人。心胸开阔，容事容人。要多看一个人的优点，"喜欢"是喜欢别人的优点。仁爱是喜欢优点，同时也包容缺点和不足。海纳百川，有容乃大。同心同德，无往不克。

同人卦六二爻（倒数第二阴爻）爻辞为"同人于宗，吝"。宗：宗庙、宗族。吝：难也。仅同人于宗族之内，其所同者甚狭，族外人则不助之，此自招困难之道也。一个领导者如果心胸不宽，不能广泛团结人、用人，同样不能成大事。要学会广泛团结，凝聚人心，要学会团结各种人。多年前，我听别人说过这样几句话："团结好人干实事，团结能人干大事，团结小人不坏事。"我听后又加上一句话："对违法乱纪的人依纪依法办事。"

团结人要有气量，要有承载、担当，大度。气量小的人为人处事容易产生矛盾，容易与人不团结，气量小的人头脑热得快，容易上火发脾气，弄得别人不开心。

人与人之间要互相帮助，助人为乐，多做奉献。"同"是团结，是互动、双向的，是直指心灵的沟通。"同"是从差异中、多元中求均衡、平衡、协调、和同。

同人卦九三爻（倒数第三阳爻）爻辞为"伏戎于莽，升其高陵，三岁不兴"。戎：兵也。莽：草丛。升：登也。陵：岭也。作战时，将士兵埋伏在草丛中，目的是不让敌人发现，可是有人登于高陵之上，敌人正可见之，此乃自泄机密，将致大败，三年不能振作。另有一说：伏兵在草莽间，登上高山观察敌情，三年也不敢兴兵交战，不可用武力夺取。

同人卦九四爻（倒数第四阳爻）爻辞为"乘其墉，弗克攻，吉"。乘：登也。墉：城墙。克：取城。攻人之城，已登上城墙，守者未退，城未拿下，则继续攻之，乃吉。如终止不攻，守者有喘息之机，则不易攻下。另有一说：登上城墙，又自己退下来，不进攻，吉祥。

同人卦九五爻（倒数第五阳爻）爻辞为"同人先号啕而后笑，大师克，相遇"。号啕：大哭。克：胜也。这是一个古代的故事。有军队被敌人围攻，将要败亡，乃聚众大哭，后转为喜笑，因为另有一路大军前来援助，两军会师，转祸为福，逢凶化吉。先悲后喜，乃以其行之正中，是进行正义的战争。两方相遇，战胜敌人，非一方之力也。《系辞上》："同人，先号啕而后笑。"子曰："二人同心，其利断金。同心之言，其臭如兰。"我们唱过赞颂团结的歌："团结是铁，团结是钢，团结就是力量！"确实，团结太重要了，实践中，我们清楚地看到：

团结出政绩，

团结出成果，

团结出力量，

团结出人才，

团结出健康。

团结为了奋斗，奋斗需要团结！

同人卦上九爻（最上阳爻）爻辞为"同人于郊，无悔"。郊：邑外之地。古人祭天在郊，聚众在郊，同人的范围还不大。干事业、谋发展需要大团结。

团结是健康向上力量的聚合、和气功能的优化。好人聚一起干好事叫团结，坏人搅一起干坏事叫勾结。

大有卦

☰

大有：元亨。

初九，无交害，匪咎。艰则无咎。

九二，大车以载，有攸往，无咎。

九三，公用亨于天子，小人弗克。

九四，匪其尪，无咎。

六五，厥孚交如，威如，吉。

上九，自天佑之，吉，无不利。

大有卦是《序卦》中第十四卦。

大有卦卦辞为"元亨"，德行元大，亨通天下。古语称年谷丰收为大有。大有卦六根爻，一阴五阳，即一柔五刚，六五爻为柔，在上位为"尊位"，也是"中位"，上下相应，为"大有"。"其德刚健而文明，应乎天而时行，是以元亨。"

火天大有卦，离上乾下，阴阳得位，二气周流。明者，离之日也；晦者，兑之泽也。相交于火之上，日光明照万物，而物受其气，故有交感之意。君子得之，则为大有之象。

"有"是人生存、生活不可或缺的东西，是物质财富、心灵境界。大有卦上卦为火，下卦为天，上下合起来为火天大有，金玉满堂，日丽中天。人生要发展，要前进，要取舍，要走正道，才会积累大有，保住大有。

大有卦初九爻（倒数第一阳爻）爻辞为"无交害，匪咎。艰，则无咎"。交害：相害。匪：非。人与人不相损害，此无咎也。若处艰难，必能彼此相助，可以无咎。

大有卦九二爻（倒数第二阳爻）爻辞为"大车以载，有攸往，无咎"。用大车载人与物，有所往则无咎。比喻做人做事就像大车载东西那样，车况要好，积物于车正中，不能偏重一边，不能超重，在大正道上，车就能平稳向前。

《象》曰："'大车以载'，积中不败也。"其奥义深妙，词精意宏，品纯德厚，我反复体悟，诵读百遍，回味无穷。"大车以载，积中不败也"，我的领悟是：

（一）要有良好的"车况"，自身素质要好。宋朝杨万里在《诚斋易传》中曰："惟大车为能轻天下之至重，迩天下之至遐，夷天下之至险，大才亦然。不然安有重积于中而不败于外哉？九二以中正之德、刚健之才为大臣、任大事、当大安危、大治乱，而能无往而或咎者，有大才如大车也。"

（二）要创业积累财富，积累善德。"积善之家，必有余庆，积不善之家，必有余殃。"

（三）"车载量"不能超重，不能歪向一边，守持中道方能行稳致远。

（四）车要驰行正道，有往必正，遵守规则可保平安出行。

（五）大车装载的不仅是物质财富，也是精神财富。

那么怎么才能富有、大有呢？

（一）富有首先要生长。生长万物需要种子和土地，即内因和外因。种子是自己的内在条件，自身素质要优良，主要是道德和能力。土地土壤是外在环境，对环境要加强保护，不要让其受到污染。

（二）创业、创造、创新要靠勤奋、刻苦、技能、智慧。科技素质要靠学习、练习和试验，不怕失败，勇于攀登，开创新业。勤奋刻苦也是一种优秀品质，也是在实践中不断养成的。它的背后有两种动力：一种是期望和兴趣，一种是目标和理想。

（三）要善于发现，要有智慧和眼光。看见与发现不同，看见就好像用照相机拍照，发现犹如用摄像机拍摄，摄像机拍摄的内容是动态的，照相机呈现的照片则是静态的。静态看现象、表象，是具象的；动态观过程、路程、前程。

智慧是透过现象洞察本质的能力。智慧是空灵的，是要感悟、体悟、觉悟的。

眼光是智慧在时空上的扫描透视和应用。有一个故事：两个男孩追求一个女孩，女孩和父母商量，要选其中一个，出题考考他们："有一间空房，怎样才能将财富装满房间每个角落？"一个男孩有钱，拼命买东西，但也装不满；另一个男孩在房间里装了几盏灯，整个房间都被照亮了。

说到大有卦中的富有，人们很快就想到物质财富，一个字"钱"，两个字"美元"，三个字"人民币"。一个人要生存生活，是要有些钱的，钱是必要条件。那么什么是必要条件呢？我的理解是八个字："有它不够，缺它不行。"

但财富的来路要正，要有合情合理合法的渠道。君子爱财，取之有道，不能贪污受贿，不能伤天害理，不能搞乱七八糟的事情。钱是中性的，好人挣钱而富有，钱是好帮手；坏人敛财，丧尽天良，乱七八糟干坏事，这时的钱就成了帮凶。

有钱不是坏事，但有钱不等于就能给你带来幸福。有一位心理学家的书中有这样一段话："'钱多了，情淡了。'这是有些人现实的痛苦感受。一位中年知识分子说：'十多年前刚结婚的时候，借到一间12平方米的筒子楼房，是何等的欣喜！家具简陋，但小日子过得何等甜蜜！现在，在亚运村买了一套两居室，又花了上万元装修，再加上家具和电器，同结婚时比，确实'鸟枪换炮'了，但我们两口子却闹着要离婚。有了房子有了钱，却丢了家。'"钱有了，情断了，家没了。当然更多的家庭"钱多了，情深了"。衷心祝愿我们伟大祖国的亿万家庭"家和万事兴"！

财富之道，不可过盛，不可无限占有。实际上，无限占有也是不可能的。一位富翁突发心血管病，由于抢救及时保住了性命。他醒来后深有感触地对医生说："谢谢医生！如果命丢了，钱再多也没有用。"

财富多了，要奉献社会，才能享受快乐。中国特色社会主义已走进新时代，大家要勇于创业、创造、创新。《系辞》曰："富有之谓大业，日新之谓盛德，生生之谓易。"有德才、有本领的人要为人民、国家、社会创造、积累更多的财富，有了财富要学会依法、守法管理经营，正确、合理、健康地享有、享用、分享。莎士比亚说过："贪欲永远无底，占有的已经不少，仍渴求更多的东西。"其实对一个人、一个家庭来说，正常需要的财富是不多的。"必要的不多，想要的很多"，对极少数失去理智、贪得无厌的人来说，贪欲膨胀的结果往往是一失足成千古恨。

做人要学会正确取舍，当然，取舍要有能力和智慧，没有能力则取不足，没有美德智慧便舍不得。在我国的文字中有一个"舒"字，很有哲理和人生意义，舍得给予他人，自己才舒心、舒适，但绝不能行贿，把别人拖下水，损人害己。

大有、富有要在钱袋里，大有、富有要在脑袋里，大有、富有要在心窝里。

大有卦九三爻（倒数第三阳爻）爻辞为"公用亨于天子，小人弗克"。亨：享。小人：古时庶民之通称。弗克：不能也。公侯可直达天子，在天子那里享受宴席，小民不能。如小民越级直达则有罪祸。另有一说：公侯可以敬献天子，小人没有资格，小人不能越级去做。

做人做事，要有规矩，有程序，有章有法。要清醒地知道自己是谁，要定位，不错位，要守位，不越位。

三才之道"天地人"。六十四卦中每卦的六根爻位，最下两根爻是地，中间两根爻是人，最上两根爻是天。有些人做人做事，言行不守规矩，上不着天，下不着地，中不着人，又因为含义为人的中间两根爻是第三、第四根，所以有人指责这类人"不三不四"。

《说卦》曰："是以立天之道，曰阴与阳；立地之道，曰柔与刚；立人之道，曰仁与义。兼三才而两之，故《易》六画而成卦；分阴分阳，迭用柔刚，故《易》六位而成章。"

三才中都有阴阳。$3 \times 2 = 6$，所以64卦重卦为六爻。《易传·系辞下》曰："《易》之为书也，广大悉备：有天道焉，有人道焉，有地道焉。兼三才而两之，故六。六者非它也，三才之道也。"

大有卦九四爻（倒数第四阳爻）爻辞为"匪其尪，无咎"。匪：非、排斥、反对。尪：邪曲也。反对邪曲之人与邪恶之事，查辨明确，而后反对，动得其正，方能无咎。另有一说：不要盛气凌人，这是无错误的行为。

大有卦六五爻（倒数第五阴爻）爻辞为"厥孚交如，威如，吉"。厥：其也，指有权力之人。孚：诚信。交：皎，明察。威如：威严。其人诚信宽容，明于辨别是非，又威然而严厉，故吉。

《易传·系辞下》曰："德薄而位尊，知小而谋大，力小而任重，鲜不及矣。"贪不义之财，乱用钱、乱用权，就会失去自我节制，贪欲、私心膨胀，就会走向极端，甚至走上违法犯罪的道路。一个领导干部，要德才兼备，有本事，有能力，有内涵，有真才实学，有人格魅力，才能让人服气，才能团结广大群众。事业要做大，人要做"小"。要有威信，不要耍威风。

怎么才能实现"大有"？怎么才能保住"大有"？怎么才能持久"大有"？怎么才能平安"大有"？我想很重要的一条是遵纪守法，管好自己。

2018年全国两会上，习近平总书记在参加重庆代表团审议时强调指出："要管好自己的生活圈、交往圈、娱乐圈，在私底下、无人时、细微处更要如履薄冰、如临深渊，始终不放纵、不越轨、不逾矩，增强拒腐防变的免疫力。"总书记的重要讲话，深刻精辟，我们要牢记在心。人不能贪心贪财，更不能发不义之财，甚至丧尽天良。《道德经》第九章："金玉满堂，莫之能守，富贵而骄，自遗其咎。"多么发人深省。

我听过服刑人员讲说自己的惨痛教训："贪得无厌使自己走上犯罪道路，恶果是妻离子散、人财两空、身心崩溃……"有些人总是在倒霉的时候才总结教训。做人一定要守住底线，不碰高压线。不仅要清醒，而且要坚定。南怀瑾老人家曾说："有形的财富，只是暂时属于你的，而不是真正你所有的。当你到眼睛一闭、两腿一伸的时候，一块钱也不是你的。""严格说起来，真正的财富是知足者富。"

我认为，知足不仅是对富有的满足，知足更要知道自己的足（脚）走在哪里。人要走在正道上，有了，富了，要富而思艰，不能忘本。要不忘初心，牢记使命，增强为国奉献、为民造福的责任感。富而思安，富而思艰，创业的艰辛不能忘记，要倍加珍惜。今天的改革开放成就与和平发展、幸福生活是前辈们流血牺牲、千辛万苦换来的。

回想自己的父母，也是一路艰辛。我们许多中老年人小时候家境贫困，父母长辈挑着人生和生活的重担，吃尽千辛万苦，为我们成长、上学、读书辛勤劳动，省吃俭用。他们一件衣服补上几十个补丁继续穿，吃着野菜和照得见脸的粥汤，有些父母长此以往甚至积劳成疾。今天日子好了，他们却永远地离开了我们，不求任何回报地离开了我们，我们连孝敬报答他们的机会都没有了。然而，他们那种吃苦耐劳、从不言苦、正直做人的精神永存！

我们一定要牢记，一个民族、一个人最重要的美德就是吃苦耐劳、艰苦奋斗。自然朴素不是贫穷落后，奢侈浪费也不是文明进步；消费不是浪费，娱乐不是"愚乐"，富有不是"腐有"。

"君子欲讷于言而敏于行"，文明进步是蕴藏在行动中的。我们富有了绝不能忘本，不能忘记过去，不能忘记恩情，要继续奋发有为，吃苦耐劳，艰苦奋斗，创造美好的"大有"明天！

大有卦上九爻（最上阳爻）爻辞为"自天佑之，吉，无不利"。佑：同"佑"，助也。得到天助，吉无不利。一个人的行为要符合正确的思想原则，顺应客观规律，按规律办事，方能一切顺利。自助者天助之，要不怕吃苦，勤劳智慧，自强不息。自强自立的人才会有人助、天助。

这里还要强调一点：父母都希望孩子成人成才，青出于蓝胜于蓝，如有科学的理念、正确的方法、一定的条件，适应孩子自身状态，进行培养教育，引导他们成长成才，这是好的。有的父母没有科学的理念和正确的方法，为子女上学、出国、升迁走歪门邪道；子女不懂事，任意挥霍，最后造成严重后果，发人深省。

我们到底想给下一代留下什么？郑板桥说过："淌自己的汗，吃自己的饭，自己的事自己干。靠天靠地靠祖宗，不算是好汉。"林则徐有副教子对联："子孙若如我，留钱做什么？贤而多财，则损其志；子孙不如我，留钱做什么？愚而多财，益增其过。"

我觉得，随着科学的发展、时代的进步，我们要教给孩子生存和发展的能力与技巧。有教育专家归纳出教育孩子成才的几条要求：

学会做人；

学会做事；

学会相处；

学会学习。

这就是《易经》上讲的"积善之家，必有余庆；积不善之家，必有余殃"。这里，我理解的"余"不是"余钱"，是"积余、留传"，比如家庭美德、好的家风、勤俭节约精神、父母的好形象等等。下一代人积极进取，健康向上，这就是"余庆"，这就是希望，预示着美好的未来。相反的是"余殃"，不仅殃及自己，还把不良之风传给下一代，殃及后人，接代的是"败家子"，"大有"就变为"没有"了。有人问："他是什么星座呀？"答："好吃懒做（座）！"

同人卦讲的是团结和谐，大有卦讲的是富有发展。同人卦是天火同人，大有卦是火天大有，这两卦是"综卦"。

变化随时随地发生，一切都在变化之中。《易经》中的任何卦，只要一爻变，阳爻或变阴爻，阴爻或变阳爻，如乾卦九三爻、九五爻入坤卦六三爻、六五爻，现在的卦就是坎卦了。坤卦六三爻、六五爻入乾卦九三爻、九五爻，现在的卦就是离卦了。天地间一切都在变化中，一爻变卦就变了，春夏秋冬、生老病死、成住坏空，都在有和没有之间。做人啊，要明白一点，想通一点，放下一点，放弃一点。

古希腊哲学家苏格拉底路过集市时面对琳琅满目的商品感慨道："原来世上有这么多我不需要的东西。"

有用才是有，需要才是有。其实人真的不需要贪，离开人世间，两手都松开，物质财富什么也抓不住。人到生命的尽头，只有四个字：一无所有。

富不等于有，有不等于久。勤劳智慧是富有，奋发进取是富有，积德行善是富有，清正淡泊是富有，身心健康是富有，家和子孝是富有，平安幸福是富有，乐于奉献真富有。

富有不仅指富裕，还包括欢喜；贫穷不仅指无钱，还包括无知。

谦 卦

䷎

谦：亨。君子有终。

初六，谦谦君子，用涉大川，吉。

六二，鸣谦，贞吉。

九三，劳谦，君子有终，吉。

六四，无不利，撝谦。

六五，不富以其邻，利用侵伐，无不利。

上六，鸣谦，利用行师征邑国。

谦卦是《序卦》中第十五卦。

谦卦是由两个卦组成，上面坤卦，代表大地，下面艮卦，代表山，上下组合为地山谦卦，排在同人、大有后面。同人卦主要讲人与人的关系，讲团结，大有卦讲财富的占有、得失、取用。

《易传·序卦》曰："有大者不可以盈，故受之以谦。"富而后礼，仓廪实而知礼节，衣食足而知荣辱，天道忌满，人道忌全，我们要懂得谦虚，学会谦虚，做到谦虚。

谦卦卦辞为"亨。君子有终"。有才德之人始终谦虚则亨通，君子行之有好结果。地山谦卦，坤上艮下，地下有山，山上有地，培植高厚之势。山在地下，愈高愈谦，谦谦君子，尊人自谦。

在《易经》六十四卦中，除谦卦之外，其他六十三卦中至少有两根爻的爻辞是告诫人要警惕的。唯有谦卦，六爻爻辞皆吉。

谦卦初六爻（倒数第一阴爻）爻辞为"谦谦君子，用涉大川，吉"。谦谦：谦而又谦。君子：有才有德的人。小心谨慎，君子以这种态度涉大川之险，则吉。

地山谦，地在上，山在下。一个真正谦虚的人，首先要有实力，即品德、智慧、才干有其过人之处，宛如一座山使人无法跨越。但在外表上，他却像大地一样平坦、柔顺、亲近。

这么高的山，却在平地下面，你看多谦虚啊！平地呢，又在山顶之上。谦卦的道理就是这样。人到了最高处，一定要平实，不要以为自己高就了不起。高，要能下才好，上到高处下不来了，那也不行。山顶上面是平地，意思就是最高处应该也是最平凡的。最平凡、最谦恭就是谦卦。万事退让一步叫谦，不傲慢叫谦，做人要谦虚、谦让、平实、低调。

在谈到谦卦的时候，我十分怀念南怀瑾老师，有时我还梦见坐在他的桌子旁，与他亲切交谈。南老博古通今，上下五千年，都付笑谈中。我每次和南老交谈请教时，都感觉到中华优秀传统文化真是博大精深、体系完整、逻辑严谨、思想深刻，每每读到精深处，便有顿悟之感，获得精神的振奋、智慧的启迪、心灵的滋养、文化的自信、真善美的享受。

有一次，我和南老交流谦卦，我对他说，有水平有本事的人，要低调；有水平有本事的人不低调，容易跑调；没水平没本事的人，不着调，关键是要提高水平。

南老跟我讲过，谦虚要有本事、有水平；有水平、有本事，谦虚才让人尊敬佩服。南老博览群书，对儒释道都有精深的造诣，并兼通诸子百家，对诗词曲赋、医学养生、天文地理、医方等学也都有很深的见解。南老学贯中西、著作等身，对西方文化也有深刻的理解。

他老人家经常讲三句话：读万卷书，行万里路，交一万个朋友。前两句是董其昌讲的。南老说，根据他的经验，还要加一句：交一万个朋友。各行各业的朋友都要认识，这样才能够真正了解人生。

我理解，平常打交道，要广交朋友；深交，要有所选择。我跟南老说，"平易近人"，要加一个"好"字——平易近好人。有时近了坏人，要把你拖下水啊！南老就笑了。

南老给我们讲了这么多道理，都是深邃的人生经验，使我感悟良多，受益匪浅。我也读了不少书，深感知识的海洋无比广阔，学海无涯，不懂的东西实在太多。我无穷地追求，却永远得不到无穷。面对广袤的宇宙，人真的要谦虚呀！我走到大海边，感悟到：

小溪不知自己浅，却在到处游乐；

大海不感自己深，总在凝神思索。

谦卦六二爻（倒数第二阴爻）爻辞为"鸣谦，贞吉"。鸣：名也。贞：正也。有名气、有声望而谦虚，占问之事吉。有名而谦，得正乃吉。

谦卦六二阴爻阴位，处在下卦中位，因而柔顺得中，象征谦虚的美德藏在心中，没有形之于外。"鸣谦"，谦虚得到共鸣，所以纯正吉祥，《象》说，这是由于心中对谦虚的美德有领悟。

中国特色社会主义已进入新时代，我们永远不能忘记为中华文明作出贡献的先贤们，不能忘记为民族、国家、人民作出重大贡献的英雄们。"兰在林中，其香自远。"他们是民族的脊梁，我们将永远牢记他们的爱国情怀、民族气节、英雄气概、必胜信念等等，使他们的精神传承不息。

相比之下，有的人却徒有虚名，争名逐利，弄虚作假，不择手段。有人抬举、阿谀奉承他几句，他还装成"谦恭"的样子："哪里哪里！""我应该的应该的。""不敢当不敢当！"这不是"鸣谦"，是自鸣得意。这不是"谦虚"，这是空虚！这不是"虚心"，这是心虚！

谦卦九三爻（倒数第三阳爻）爻辞为"劳谦，君子有终，吉"。劳：功劳。劳苦功高而谦虚的君子有好结果，是吉的。

谦卦九三爻爻辞中有个"劳"字，这就告诉你随时随地要努力，要劳苦，要付出，同时内心一定要谦虚，要小心谨慎，要学会后退。因为谦卦的错卦是履卦，一切行动要小心，"语以其功下人者也"。自己功大却不以为功，谦逊待人助人，并认为这是应该的。能够做到这样，才是"劳谦君子有终，吉"。谦而不劳、劳而不谦都不会有好结果。

《系辞》曰："劳而不伐，有功而不德，厚之至也。"九三爻是谦卦中唯一的阳爻，又以阳刚居位，守其正位，能者多劳，甘心谦退，受到众人敬服。在这里我突然想到雨伞，因为它为人遮风挡雨，挡太阳晒，所以人才把它高高举起，这不是很能发人深思吗？劳而不伐，有功而不德，知道分寸，不自我表现，这是成功的重要条件。

孔子的学生颜回，曾子评价他"以能问于不能，以多问于寡，有若无，实若虚"。才高而不自许，德高而不自矜，功高不自居，名高不自誉，位高不自傲，皆是内高外谦。

这里要警醒一些成功者，特别是顺境中的成功者，一定要谦虚谨慎。成功固然可喜可贺，同时也会受到各方关注，他人对你的期望值和要求会更加苛刻。荣誉对一个人是压力，是考验，是锻炼。人们对先进模范的要求很高，甚至要求完美无缺，原本不被注意的小事，不被注意的话，也会被放大。

一滴墨汁，放在一杯水里，这杯水立即变色；一滴墨汁，融在大海里，大海依旧蔚蓝，这是因为两者的肚量不一样。不成熟的稻穗直刺刺向上长，成熟的稻穗低垂着头，这是因为两者的分量不一样。

宽容别人是肚量，

谦虚自我是分量，

团结和谐是增量，

品位提升是质量。

谦卦六四爻（倒数第四阴爻）爻辞为"无不利，撝谦"。撝：挥也。发挥谦虚的美德，却从不彰显，则无不利。

"撝谦"有两种解释：一说是发挥谦虚的美德，另一说是挥退过分的谦虚。凡事超过了度，做过了头，都不好。过分的谦虚，其中很可能掺杂着虚伪的成分，使人感到并非出于诚心。有时候就该当仁不让，不必点头哈腰，阿谀奉承。对谦虚的人切忌高傲，不必摆架子；对高傲的人也不必太谦让。

谦卦六四爻本来就是阴柔之质，以居于阴位不患其不能谦虚，而患其谦虚过度。不可不谦，也不可过谦，需要的是适度。所以六四爻要挥退过分的谦虚，针对可能产生的误解，谦卦六四爻《象》特别强调："'撝谦'，不违则也。"

谦卦《象》曰："地中有山，谦。君子以裒多益寡，称物平施。"（裒：取出，减少。）天道忌满，人道忌全。老天爷看到满的东西就要让它流出来，减少多的，增益少的，权衡事物的多寡，以平衡的原则采取措施。

理解"裒多益寡，称物平施"，做到公平处理问题，还要学会沟通。"谦"是形声字，从"言"，表示与言行有关。《玉篇》："谦逊，让也。""谦"的本义为谦虚、谦逊，而说话是谦的一个重要方面，人要说妥当的话，兼顾到别人的感受，让人听得进去。

在实际工作中，沟通确实是个好办法。什么是好办法？能解决群众实际困难的办法、能为群众谋利益的办法就是好办法。沟通可以理顺情绪，化解矛盾。沟通要有诚心诚意，表里如一，要听真话、讲真话、办实事。现在有少数人讲假话哄骗别人，有时"报喜不报忧"，这种现象产生的原因就是报喜的人得喜，报忧的人得忧，这是不对的。我们一定要提倡讲真话，但讲真话也要考虑场合、分寸，要有利于人们的心理平衡、和谐发展、社会稳定。

"兼"为兼顾、兼容、兼并。比如"兼顾"，我的实践体会是：经济社会发展程度高的地方，更多的是要"统"；经济欠发达地区，更多的是要"兼顾"。城乡一体化，不是城乡一样化。过去有一句指责人的话叫"嫌穷爱富"，我觉得应该这样说：爱富帮穷，爱富扶穷，爱富脱穷，爱富也是对的，但应该走共同富裕的道路。

差距是永远存在的，比如上下、高低、前后、优劣、快慢，这是客观存在，不流动的水就是一潭死水了。从某种意义上说，差距也是潜力，是追赶的动力。通过勤劳致富、科技致富、教育致富，一部分经济欠发达地区、贫困户是可以改变面貌的。

差距是动态的，是流动的，缩小差距，我们就要对欠发达地区扶志气，送政策，进人才，上项目，抓班子，先进与后进地区还可以互帮互动，缩小差距。贫富差距千万不能拉大，贫富差距大了，会引起多重矛盾，不仅是经济矛盾，更容易产生社会混乱。脱贫攻坚伟大战略是英明正确的，体现了社会主义制度的优越性，体现了祖国大家庭的温暖，促进了社会和谐稳定和经济发展。脱贫攻坚成效显著，贫困地区面貌变化很大，可喜可贺！要谦虚感恩，团结奋斗，继续追赶——向前进！

谦卦六五爻（倒数第五阴爻）爻辞为"不富以其邻，利用侵伐，无不利"。以：因也。本国不富，因其邻国掠夺财物也。此则罪在邻国，我侵伐之，合乎正义，可得胜利，无有不利。另有一说：征伐不服从王侯之制度命令、掠夺邻国财物的人，征伐是对劫掠者的一种制裁。

谦卦上六爻（最上阴爻）爻辞为"鸣谦，利用行师征邑国"。行师：出兵。邑国：大夫之邑，诸侯之国。有美誉威声而不骄，有利于出兵征伐侵略者，抗击敌人，获得胜利。

《易经》高度赞扬谦虚精神，充分肯定了谦虚在缓和一般矛盾、和谐人际关系方面的作用，主要体现在谦卦初六爻、六二爻、九三爻中，但谦让之道作用是有限的，决定性因素还是实力、法律、武力。谦卦六五爻、上六爻皆处阴位，是阴柔之极，处于谦卦之上，对骄横叛逆者及附近邑国（古代指诸侯之国），利用行师，即为解决对抗性矛盾，必要时要采取强硬手段，或开展武力斗争，这也不违谦道。

在人类历史上，以武力解决问题从来没有停止过，利用武力反击侵略者、打击顽抗不服者是正义之举。

朱子弟子疑惑谦卦六五爻上方为什么会有战争，朱子回答："谦让也是兵法的极致，这是以退为进得胜利。"《孙子兵法》曰："始如处女，敌人开户，后如脱兔，敌不及拒。"这些都展现了谦让在政治策略、战略上的运用。

总之，谦虚行谦道是好的："满招损，谦受益。"王阳明曰："人生大病，只是一'傲'字。为子而傲必不孝，为臣而傲必不忠，为父而傲必不慈，为友而傲必不信。"

生活在人世间，每个人都必须和他人打交道，应该把自己放在一个恰当的位置上，这是建立良好社会关系的基础和前提。面对他人，我们首先应该怀有谦虚的态度，傲视别人就不可能友善相待和谐相处。

从伦理道德上来讲，谦也应该被放在重要层面来强调和凸显。周公《诫伯禽》中曾经概括出六种谦德的建塑路径：

德行广大而守以恭者，荣；

土地博裕而守以险者，安；

禄位尊盛而守以卑者，贵；

人众兵强而守以畏者，胜；

聪明睿智而守以愚者，益；

博闻多记而守以浅者，广。

此六守者，皆谦德也。

豫 卦

豫：利建侯行师。

初六，鸣豫，凶。

六二，介于石，不终日，贞吉。

六三，盱豫，悔，迟有悔。

九四，由豫，大有得，勿疑。朋盍簪。

六五，贞疾，恒不死。

上六，冥豫，成有渝。无咎。

豫卦是《序卦》中第十六卦。

《序卦》曰："有大而能谦必豫，故受之以豫。"

豫卦上卦为震为雷，下卦为坤为地。雷地豫卦，震上坤下，上方动险，中方满坎，下又止之。雷在地上，震动万物。屈者伸，藏者露，顺以动之，动以顺豫。

豫，乐也。豫卦讲快乐、喜乐、高兴，"快"乐就是要抓紧时间高兴，"快"乐也可以理解成"乐"很快就过去了，就不乐了。但快乐要有度，喜乐要节制，因为任何事物都是一阴一阳，快乐如不节制，就会乐极生悲了。人在快乐与发怒时，最没有防御能力，有得意忘形的，也有失意忘形的。

豫卦卦辞为"利建侯行师"。建侯，建立诸侯，封侯建国。行师，出兵。建侯、行师皆有利。

豫卦初六爻（倒数第一阴爻）爻辞为"鸣豫，凶"。鸣：名也。人有了名而贪图享乐甚至荒淫，将会身败名裂，是凶矣。

豫卦初六爻是阴爻，不当位，无能力，柔弱无用，喜欢玩乐，处境是凶险的，可谓"生于忧患，死于安乐"。

豫卦六二爻（倒数第二阴爻）爻辞为"介于石，不终日，贞吉"。介：坚也。人刚坚如石，则易折毁，若其刚坚不过终日之间（一整天），即转为柔，见几而作，乃是吉事。

豫卦六三爻（倒数第三阴爻）爻辞为"盱豫，悔，迟有悔"。盱：睁开眼睛向上看，此处指日初出也。人处于如晓日初升之时，就只顾追求个人享乐，处位不当则悔事将至，迟疑不决又悔。

由凶到吉是有条件的，快乐要适合时宜，守持正道，方能平安无事。大家知道《易经》就是阴阳之道，其实就是开关、进退、收放、平衡、合时宜，健康向上的娱乐才是真正的快乐、真正的享受。很多事情我们都要从多方面去想。要把握好情感与理智的关系，情感与理智犹如铅笔和橡皮，情感写了"错别字"，要快用橡皮擦去它。在娱乐时应该注意细节，在公共场合要注意分寸，不能癫狂，不能失去警觉。特别是不能有酗酒、妄语、斗殴、赌博等违纪违法行为，一旦产生不良后果，甚至产生恶果，一失足成千古恨，回头无岸。就拿赌博来说，一玩乐就会生坏事。有人说，赌博"十赌九输"，赢了还想赢，下面就是输，输了不服气，总想赢。赌博后果会很惨，甚至妻离子散、家破人亡、人财两空，这样的教训屡见不鲜。

豫卦六三爻《象》曰："'盱豫''有悔'"，位不当也。"《说文》："盱，张目也，从目从声。"六三爻是阴爻，阴居阳位，阴柔失正，上承九四，为媚眼以悦上求乐之象，必致悔恨，故曰："盱豫，悔，迟有悔。"

朱熹曰："盱，上视也。阴不中正而近于四（四是九四爻），四为卦主，故六三上视于四而下溺于豫，宜有悔者也，故其象如此。而其占为事，当速悔，若悔之迟，则必有悔也。"

吹捧、献媚、拍马屁都是不正行为。对领导要敬重、尊重、支持、服从，择善而从，这才是好的。吹吹拍拍谋私利的人，容易把人拉下水，我听服刑人员忏悔时说，送礼行贿的人常常给你说这几句话引诱你："小意思。""别人拿的比你多。""你放心，不会害你。"你千万别听他的花言巧语，千万别相信谄言，千万别受骗上当，千万别伸手去拿，赶快回头，这时要勇于"敢不"，"敢不"才是最大的勇气。人要自重自省自警自励，面对诱惑、献媚、奉承，要多几分淡定。不是不敢，而是敢不。遇到好事或坏事，头脑要敏感。

> 该不该做要走正道，
> 会不会做要有智慧，
> 能不能做要讲原则，
> 敢不敢做要讲进退。

豫卦九四爻（倒数第四阳爻）爻辞为"由豫，大有得，勿疑。朋盍簪"。由：作因，形似而误。盍：合也。簪：古代用以束头发的首饰。因猎以行乐，大获鸟兽，此是得益之享乐。以众阴为朋，像用簪子束头发一样，将头发紧密聚集在一起，共同为实现理想而奋斗，团结取胜，以获众乐。

九四爻是豫卦唯一的阳爻，是豫卦中最重要的一爻，更是豫卦中欢乐的原因与根源。其他阴爻都归附于它，可见欢乐最终要阴阳聚合，要大家同乐，不是个人享乐。

2020年第三个"中国农民丰收节"，习近平总书记向广大农民致以节日的祝贺："让乡亲们的日子越过越红火！"广大省市级干部下基层，走基层，与民同乐，欢聚一堂，庆祝"中国农民丰收节"。我不仅从电视上、报纸上、网络上看到了全国各地欢庆的场景，也亲身参加了华西村"丰收节"活动。村民们自编自演，展示形象，共同歌颂党、歌颂祖国、歌颂改革开放，歌颂中国特色社会主义新时代，欢乐无比，使我无限感慨。他们淳厚雄壮的歌声不时萦绕回响在我的耳旁，他们从内心流淌出的对美好生活的向往，不时感染震撼着我。这才叫真正健康向上的快乐呀！

我在这里要提醒的是：在欢乐中、风光中，特别要注意防范风险。比如联欢会等各种聚会，在欢乐中要把握好度，把握好场合、时间与地点、形式与内容、人群规模、安全保障，防止意外事件的发生，使大家欢聚愉快，回家开心。

豫卦六五爻（倒数第五阴爻）爻辞为"贞疾，恒不死"。贞：正也。疾：灾害也。人之志行贞正，虽遇灾害（疾病），亦久不死。所以久不死，乃以其人未丧失正道也。人要守正，有正气，走正道，方能以正压邪，逢凶化吉。

人生一定要有喜乐，但也要节制。快乐时要学会刹车、收心，少数人喜欢讲排场，吃喝玩乐，吃到脑袋空空，玩到不知天高地厚，良心能安吗？要经常思考，真正做到健康愉快幸福，做任何事情，要多想想得位不得位，居中不居中，逢时不逢时。

豫卦上六爻（最上阴爻）爻辞为"冥豫，成有渝。无咎"。冥：日暮也，昏暗。渝：变也；败也。整天沉溺在昏天黑地的享乐无度之中，乐极生悲，必然走向反面。聪明者处险转变，惩前毖后，下决心改正，亦可无咎。

豫卦上六爻为最上阴爻，处穷极处，正如中国医学经典《黄帝内经·素问》第十四篇《汤液醪醴论》中所载："嗜欲无穷而忧患不止，精气驰坏，荣泣卫除，故神去之而病不愈也。"生于忧患，死于安乐。要想幸福，就不能沉迷于安乐。有些人把吃喝玩乐作为人生目标，混日子虚度光阴，"膏粱厚味，足生大疔"，年轻或中年的时候，就早早疾病缠身，甚至离开人世。

《黄帝内经》上还说，上等医生不治已病治未病，这就告诉我们要有预防意识。当然人要想真的不死是不可能的，关键是要有"好生""好死"。我问过星云大师："你怕不怕死？"他回答说："不怕死，就怕痛。"有一位香港中文大学的教授是这样说的，我们每个人来到这个世界上，都有一个共同点，呱呱地哭，落地了，出生了，家里的人、周围的人欢笑了。当他离开的时候，很安详，像似微笑，周围的人在哭泣……这就是美好人生。

这里，我把自己的一首小诗献上：

珍爱人生

呱呱落地　第一声啼哭

你给全家带来欢笑

摇篮里　怀抱中

深情凝望

熟睡中露出甜美的微笑

好宝宝　快快长

你是未来　你是希望

稚气地背起书包

好好读书不迟到

尊敬老师听教诲

不怕吃苦和吃亏

一路蹦蹦又跳跳

展现多少妖娆

刚刚还大手牵小手 一瞬间

你已青春绽放

成家立业 为人父母

你怀抱中的新喜

成了爷爷奶奶的新欢笑

可他们双鬓白了

皱纹已爬上了额角

爱，就这样薪火相传

美，让人们心地高远

心连心 幸福相守

情牵情 不图回报

风雨如磐 同舟共伴

珍爱人生 坚守正道

正是人间美好

（原载《人民日报》2014 年 3 月 15 日第 12 版）

　　豫卦《象》曰："豫，刚应而志行，顺以动，豫。……天地以顺动，故日月不过，而四时不忒。"忒：差错。不忒：没有差错。这段话讲的意思是：要适应自然规律，天地顺动像日月运行无差错，动应其时则为顺，动不应时则为逆，乐得其时。

　　豫卦的快乐与否与习惯养成也有很大关系。人在成长、生活中要始终加强学习，提高素质，发扬优点，改正缺点，养成良好的习惯，进而习惯成自然。

现在有的人生活习惯就不好。拿吃饭来说，由于作息时间混乱，白天黑夜颠倒，有人白天能睡一天（不是指上夜班的人）。有则笑话：有个人被问白天几点钟起床。他说，睡到太阳照进房间。可房间在哪儿呢，是最西头的一间，起床时太阳已经落山了。再说吃饭的问题，早餐不吃，中餐少吃，晚餐大吃，夜餐乱吃，结果吃坏了身体。现在有些人不是饿死的，是吃死的。有的吃出了肥胖，有的孩童时就吃成了小胖墩儿。有的女孩为了"漂亮"减肥，少吃饭，甚至不吃饭，乱吃药，瘦得像根火柴棒，体弱多病，弱不禁风。有的穿衣服盲目追求潮流，大冷天寒风刺骨，穿什么洞洞裤，膝盖前像窗户眼一样的。个别女孩为了漂亮，冬天穿衣"薄""露""透"，甚至衣不遮体，美丽"冻"人。夏天为了凉快，吃冷饮，整夜开空调，温度打得特别低，特别是睡着的时候，凉风点穴，醒来四肢冰凉，头脑发热，生病了。这是享受吗？不是！是"享受"中的"难受"！是快乐吗？不是！有的倒是快送医院了！古人说："人无远虑，必有近忧。"我想说："人有近忧，必无远虑。"

研读豫卦使我真的想了很多很多，当下社会经济、科学技术快速发展，"大、智、移、云"（大数据、智能化、移动通信、云计算）异彩纷呈，生活要小康，身体要健康，怎么才能做到精神生活更充实、心情更愉快，享受天伦之乐？

我觉得，快乐还是要多一些面对面的交流，多一些言行情感的交流，使人享受到真情的内在欢乐。比如说，抱一块30公斤的石头和抱30公斤的孙子孙女，您感觉两者哪个更轻松愉快？

现在，生活条件变好了，生活水平提高了，生活环境改善了，我们做很多事情变得轻松了、方便了，网上购物、送货上门、扫码付款、视频通话……信也不用写了，但人体运动减少了。有些人一坐就是半天，一直看着手机，一家人坐一起，面对面也不说话，却都在微信上聊天。这里值得一提的是，手机是方便工作生活的工具，但不是整天形影不离的玩具。我呼吁：要高度重视教育引导儿童青少年科学合理使用电子产品和网络，要让孩子多参加户外活动，多接触阳光、空气、大自然。习近平总书记特别关心孩子们身心健康，他尤其强调正确的运动观念："帮助学生在体育锻炼中享受乐趣、增强体质、健全人格、锤炼意志。"保护儿童青少年身心健康，这是关系到我们下一代幸福快乐、祖国未来兴旺发达的大事。

豫卦阐述喜乐原则，然而这卦的每个爻辞除了九四爻以外，几乎都不吉利。虽然卦名"豫"，却并非描述喜悦快乐的景象，而是不断告诫人们，喜乐容易使人沉溺，喜乐应是众乐，而非独乐。不可在安乐中迷失方向、自享其乐、自鸣得意，必须坚守中正诚信，团结大家，把握时机适时转化危机，否则喜乐难以长久。

向往快乐、追求快乐，这都是人之常情，只要走在正道上，这是好事，谁不希望自己生活得好一点呢？但不能损人利己。乐有很多种，如及时行乐、知足常乐、苦中求乐、自得其乐……除此之外，喜乐还有更高的境界，如克己奉公、大公无私、公正廉明、无私奉献、徇公灭私、砥节守公、不怕牺牲、舍生忘死等等，这是多么高尚的精神境界呀！

临 卦

☷☱

临：元亨，利贞。至于八月有凶。

初九，咸临，贞吉。

九二，咸临，吉，无不利。

六三，甘临，无攸利；既忧之，无咎。

六四，至临，无咎。

六五，知临，大君之宜，吉。

上六，敦临，吉，无咎。

　　临卦是《序卦》中第十九卦。

　　临卦下泽上地（下兑上坤），卦辞为："元亨，利贞。至于八月有凶。"元：大也。亨：美、通也。利：利物。贞：正也。此亦指临民者须有元大、亨美、利物、贞正之德，这是天道也。"至于八月有凶"，临卦为刚浸而长，即阳浸而长，八月之时，阳气已消衰，草木凋谢，昆虫死亡，为凶。同时亦指临民者不修其德，行将进入凶，宜防之，天道固如此。

　　地泽临卦，上坤下兑，地下有雷有泽，泽润草木。命令下行，以上临下，内柔外和，上者要有中正之德，克己临人。

　　临卦初九爻（倒数第一阳爻）爻辞为"咸临，贞吉"。咸：感。贞：正。初九阳居阳位，阳刚而正，用感化之道临民，感化百姓，领导百姓，守正而获吉祥。

临卦九二爻（倒数第二阳爻）爻辞为"咸临，吉，无不利"。感化百姓当中的尊者、智者，因为这些人在百姓中有威信、有才华，信用他们，然后再领导百姓，这样就容易了，没有不利的。另有一说，此"咸"字当作"威"，威临，以法威治理，则民畏服，不敢为非，自吉而无不利。

临卦六爻，四根阴爻在上，两根阳爻在下，"刚浸而长"（阳气渐升）是主导地位。不过初九爻作为临卦刚开始阶段，象征刚上任的领导人首先要了解一个地方、一个单位的情况，以德才临人，礼贤下士，沟通感化大众，群众才会欢迎，喜悦服从，一切都会顺利吉祥。先站稳脚跟，再放开手脚。

九二爻以阳居二位阴位，六五爻阴居阳位，两爻皆失正，九二与六五两爻虽相应却不协调。临卦《象》曰："'咸临，吉，无不利'，未顺命也。"要协调好群众关系，讲究领导艺术，否则很难树立领导威信，民众"未顺命"。千万不能摆花架子，架子是支撑物，一盆花木，头重脚轻，根基不牢，才要架子支撑。权、势、威三者要统一。

特别是现在的干部，一定要有担当，正确处理矛盾，解决群众实际困难，把做思想工作和解决实际问题结合起来。领导者领导群众，首先要赢得群众的信任，有信任才有威信，有威信才有信心。团结大家一起干、同心协力干、艰苦奋斗干、改革创新干，才能干出新天地，坚定地走在新时代中国特色社会主义道路上。

一个领导要勤勉进取，接通地气，走近、贴近老百姓，真心真意为老百姓谋利益，这样才能和老百姓心心相印。领导要深入群众，听取群众的心声，制定政策、采取措施，要切合实际。

"年年岁岁花相似，岁岁年年人不同。"情况在不断变化，工作也要扎实。中央提出反对形式主义，不能文山会海，有些地方单位，为了减少一个文件再发一个文件，为了减少一个会议再开一个会议，这不是又多了吗？有同志说："以前是应酬难，现在是应付难。"要减少评比、检查过多过量的现象，更重要的是抓落实、见成效。

要尊重群众的意愿，努力解决群众反映强烈的民生问题，如土地、住房、拆迁、教育、医疗等实际问题。要深入群众，广泛听取意见，在处理问题时要力求公平公正，稳定人心，"不怕政策狠，就怕不平等"。

同时，还要不断总结经验教训。我看到"八仙"中张果老倒骑毛驴，他是不是也在回头看，总结经验教训呢？允许试，允许大胆实践，鼓励创新，就要宽容失败，重要的是要积极总结以前的失误、教训。没有教训与没有经验一样，都不能使人掌握真本事，因为教训能刺痛人的心灵。总结教训，改正错误，方能不断前行。

临卦六三爻（倒数第三阴爻）爻辞为"甘临，无攸利；既忧之，无咎"。甘：花言巧语，甜言蜜语。既：若。靠花言巧语去领导，是没有什么好处的，因而无利，若已经有了忧惧改过之心，也就没有灾祸了。另有一说："甘"当读为"钳"，强制压迫也；"忧"当读为"优"，宽和也；以强制压迫临民无所利，若改为宽和，则无咎。

"甘临"爻辞忌甜言蜜语、巧言令色，不能光说假话、套话、空话、官话、大话，当然也要防别人花言巧语。

临卦六四爻（倒数第四阴爻）爻辞为"至临，无咎"。至：亲到，接近。领导亲近百姓，那是没有灾祸、没有害处的。

领导要亲临现场，临机而动，特别是在重大事故、抢险救灾等艰难险重的情况发生时，领导要亲临第一线。过去有句话："堤在官在，堤毁官丢。""保江堤不怕丢命。"在这次抗疫斗争中，我们有多少干部不顾生命危险，亲临现场，舍己救人，有的甚至光荣牺牲。他们的英勇事迹感人肺腑，催人泪下。

临卦六四爻《象》曰："'至临，无咎'，位当也。"身居领导岗位，遇到紧急关头，面对险情要下定决心，当机立断，敢于决策，敢于担当。当然，有些重要决策要善于商量，按程序办，但要抓紧时间做，因为事情会变化，矛盾会激化，事态会扩大。有的险要情况人命关天，一失万无。面临紧要情况，方向要明确，意志要坚强，方法要稳妥，重责敢担当。有时很奇怪，高超的德才反而在不幸的遭遇中才表现出来。

下面，我选择了一些与临卦有关的成语：

临危授命　　临阵磨枪

临崖勒马　　临深履薄

临渴掘井　　临机应变

临渊羡鱼　　临危不惧

临水楼台　　临财不苟

但是，千万不能"临阵脱逃"。

临卦六五爻（倒数第五阴爻）爻辞为"知临，大君之宜，吉"。知：同"智"，明智。宜：得当。大君以明智临民，则处理政事得当，这也是大君应该做到的，是吉利的。

临卦上六爻（最上阴爻）爻辞为"敦临，吉，无咎"。敦：厚道。以敦厚仁慈来领导，乃因其敦厚之心存于内，施于政事，则民悦服，故得吉，没有咎害。另有一说：敦，考也。以考察之道临民，则知周详，施政得当，故吉而无咎。

做事要符合人性人心，将心比心，要以真诚、厚道、信用取信于民，这样才能感动别人，好似风吹波动。

（一）靠务实临民

做领导要求真务实。做一件事情要说明白，写明白，听明白，让群众真明白。做干部要有真才实学，有真本领，有领导水平和工作能力，特别是要有理性思维能力和分析解决实际问题的能力。

（二）靠宽厚临民

做干部要德才兼备，胸怀宽广，敢于担当，多为群众着想，有甘于奉献的精神。林则徐曾说："海纳百川，有容乃大。壁立千仞，无欲则刚。"

（三）靠教育引导临民

我们所做的一切工作都是以人民为中心，为了群众，服务群众，以百姓之心为心，与人民同呼吸共命运。在实践中，我还进一步地学习体会到，对人民群众要"相信依靠、教育引导"。现在城镇化率大幅提升，乡村振兴，农民生活面貌有了极大的变化。这是改革开放好政策带来的好形势，好形势又推动新发展。许多村民集中居住，人员集中速度快，集群多，要加强社区建设，抓好社区稳定，教育引导人与人之间和谐相处，预防群体事件的发生。

（四）靠勤政廉政临民

一个干部只是嘴上说勤政廉政，不是真正的勤政廉政，实际上为私不为公，是做戏给别人看。有少数干部违纪违法，多少年的奋斗毁于一旦。有个服刑人员忏悔地说，腐败后果危害极大：

自己，身陷牢笼；

家庭，妻离子散；

财产，人财两空；

亲友，六亲不认；

身体，身心崩溃；

思前，人模人样；

想后，悔恨断肠。

听后，多么令人痛心！教训惨重深刻！

干部要树立好形象，一定要勤政廉政。不义之财坚决不贪，不道德的事坚决不做。吴仁宝说："做干部要讲党性，讲公心，讲良心。""有福民先享，有难官先当。"要吃透上头，熟悉下头，多一些碰头（交流情况，研究解决问题）。

（五）靠智慧临民

智慧人人要有，特别是干部，更要不断提升自己的德才，增长智慧。面临各种艰难险阻，要风霜雪雨搏激流，危难之处显身手；面临各种新情况、新问题，要学会正确处理。

知时知量，这不仅是一个哲学思考，也可运用于自己的思想实际、工作实际、生活实际。这就要靠聪明智慧了。取得小成绩小胜利，要靠聪明肯干，取得大成就大胜利，要靠智慧德才。知识是经验的记录，有对错、新旧之分；智慧不等于具体的知识，智慧要靠体悟，它是动态的、空灵的、活的。智慧不是告诉你结果，而是告诉你思维方式，指引你在世间万事万物中体悟隐含的道理。

《易经》中充满着智慧，《易经》是逻辑框架，蕴含着生存、生活、生命的价值和意义。我们研读《易经》要有正确的方向、科学的态度、辩证的方法、变通的运用。

观 卦

观：盥而不荐。有孚颙若。

初六，童观，小人无咎，君子吝。

六二，窥观，利女贞。

六三，观我生，进退。

六四，观国之光，利用宾于王。

九五，观我生，君子无咎。

上九，观其生，君子无咎。

观卦是《序卦》中第二十卦。

观卦下地上风（下坤上巽），卦辞为："盥而不荐，有孚颙若。"盥：音义同"灌"，古代祭祀时以酒灌地之礼。荐：献。孚：诚信。颙：敬。若：语助词。祭祀时，灌酒而不献牲，因其物不丰，但有忠信之心而又肃敬，则臣民观而化之，心中已经升起了一种诚服敬畏之感了。

风地观卦，上巽下坤。地之上有山，成高大气势，山地之上春风吹拂，云卷晴空。观国之光，高大盛美，万物昌荣，大观在上有柔顺谦逊之德，守中正之道，君子得之，则为壮观之象。

观卦《象》曰："大观在上，顺而巽，中正以观天下。"观卦上面两根阳爻，合起来高高在上。上面三根爻是巽卦，巽，卦象为风，风慢慢地吹，让人领悟中正。下面三根爻是坤卦，坤是大地，平稳地走正道，观天下。

人类最常用的方法就是观察法。观卦告诉我们要善于观察，通过观察了解事实的真相。一方面观看别人，发现他人价值所在，另一方面被人观看，反观自己正确与否，进而自我调整。观卦卦辞"盥而不荐，有孚颙若"就是告诉我们要用心观察，谦逊守中。

一要有敬仰之心。观天、观地、观物、观人事，敬天爱民，探索规律，"观天之神道，而四时不忒"。"不忒"是指四时运行无差错，不是与天对抗，而是顺天应人。

二要有变化之心。万事万物处处时时都在变化，所谓生生之易，就是存在，"生生不已"就是变化，只有继续存在才是"活"在，继续存在必须"变"在。生生是所有历史问题的出发点，围绕生生之势展开和变易构成了历史。《易经》是活的，是天人的对话。

三要有宽广之心。视野要宽，眼界要宽，胸襟要宽。如果一个人只懂某个方面，而对其他方面的东西生疏反感，接受不了，这是心胸狭隘的表现。同时，人至察则无徒，不是什么小事自己都要搞清楚，那就有"咎吝"了。要学会容事容人，你能容多少事，就能管多少人。

四要有从内之心。要自观、反省自己，"吾日三省吾身"。人要有自知之明。

五要有光明之心。要积极向上，内心阳光一点。有钱买得到灯光，能买得到"阳光"吗？

六要有开放之心。我国的改革开放不断迈出新步伐，现代科技飞速发展，世界变化日新月异，我们一定要有开放之心，观察天地人，走进新时代。益卦《彖》曰："益动而巽，日进无疆。天施地生，其益无方。凡益之道，与时偕行。"走进新时代，即使是老传统，也要释放正能量，焕发生机和活力。对与自己不同的东西，不要轻易下结论，不要轻易否定。(《易经》卦爻辞中表否定之意常用这几个字：毋、非、勿、否、不）要有开放之心，不要认为只有相同才是"知己",对不同的东西也要存好奇之心去研究探索。有很多高精尖的东西、高深的大学问、奇思妙想的艺术,都是靠好奇心,靠浓厚的兴趣,靠勤奋刻苦创造出来的。"和实生物,同而不继。"要知道世界是丰富多彩的,小草尚能遍布天涯海角,我们站在家门口,也要放眼全中国、全世界。

观卦初六爻(倒数第一阴爻)爻辞为"童观,小人无咎,君子吝"。童观:幼稚的观点。吝:难。童观是小人认识事物的方法。像幼童那样观察事物,所见者浅,对普通人来说没有灾祸,对事务繁杂的官员而言则遇艰难。

观卦六二爻(倒数第二阴爻)爻辞为"窥观,利女贞"。窥观:一孔之见。窥观所见者极小,以此认识事物,于不出闺房、不与外界接触之女子来说是有利的。(古代封建社会轻视女子)女子窥视男人,其利在女子贞正。

观卦六三爻(倒数第三阴爻)爻辞为"观我生,进退"。生:古语称百官、庶民。观察自己的百官、庶民,则知自己用人施政的得失,从而在用人做事方面有所进退。

观卦六四爻(倒数第四阴爻)爻辞为"观国之光,利用宾于王"。宾:做客。观察国家的光辉景象,以便更好地辅佐君王,乃言诸侯或其臣下来做君王之宾客。

观卦九五爻(倒数第五阳爻)爻辞为"观我生,君子无咎"。九五"观我生"与六三"观我生"有所不同。六三阴居阳位,是一个阴柔的人自观,观心。九五阳居阳位,九五之尊,刚健中正,为天下之人所观仰,君子既观察民风,体察民情民心,又观察自己的行为和心理,而反省自身,此乃君子之德行,必无咎害。

观卦上九爻(最上阳爻)爻辞为"观其生,君子无咎"。其生:其他亲族、部族。君子居于高位,时刻观察百官、人民的行为,了解人民的疾苦,观察外界的反映，不仅观察别人，还要被人观看，这样君子必无咎害。

下面，重点谈一下关于考察干部和用人施政方面的思考。

（一）把好用人标准。德才兼备，以德为先。德才兼备之人要重用，有才缺德的不能用。"我是谁，为了谁，依靠谁"这个问题很重要。好干部标准"二十字"："信念坚定、为民服务、勤政务实、敢于担当、清正廉洁。"用对一个人，激励一群人；用错一个人，挫伤一些人。

（二）全面考察，重点考察。考察干部不仅要走程序，还要花点时间加强日常了解，近距离观察，多角度分析，尤其是关键时刻的表现。要全面、历史、辩证地看，比如看他业余时间干些什么。爱因斯坦曾说：人的差异产生于业余时间，业余时间能成就一个人，也能毁灭一个人。

（三）发现长处，用人所长，扬长避短，要把合适的人放在合适的岗位上。察人不准是过错，用人不当同样是过错。《道德经》第二章中说"长短相形"，屈原说"尺有所短，寸有所长"。再长的东西也有短处，"智有所不足，物有所不通，舍长以求短，智者难为谋。生才贵有用，切勿多苛求。"选人用人要有要求，但莫苛求，要宽宏大量，注重发挥其优点和长处。同时也不能嫉贤妒能，现实工作生活中往往还有"容人短易，容人长难"的情况。察人不容易吧！

（四）不仅要考察个体，也要考察整体。考察干部官员方面，不仅要考察个人德能勤绩，还要考察班子，整体考察功能结构是否合理。大家在一起合作共事，要互相理解、谅解、支持，增进友谊，要正确看待自己，正确对待他人，正确对待组织，才能有凝聚力、战斗力。这就犹如一个手掌，摊开是多个指头，握紧是一个拳头，班子的团结就好比指头和拳头的关系。

观整体、考察整体就是要打好"团结牌""力量牌""优化组合牌"。全国政协委员、原卫生部副部长、国家人体器官捐献与移植委员会主任黄洁夫对我讲过，一手五指，大拇指的功能百分之五十。如果说"相似物宜"，某个组织、单位的一把手的功能占到班子多大比例，我也无法说清楚，但可以肯定一把手是举足轻重的，其重要性事关大局、全局。所以，我们要认真观察、考察、选拔好一把手担当重任。

下面结合对观卦爻辞的理解，谈谈"以理观物，观物明理"。

"观物"一词出于宋代大儒邵雍（1011—1077）的《皇极经世书》，此书的《观物内篇》和《观物外篇》认为："人亦物也"，"我与人皆物也"，认为通过观物——观天地万物尤其是作为"物之大者"的天地本身——能获得人生之理，此之谓"以理观物"。观物知理、知性、知命，即是"天下真知"。举例，曲阜尼山有座"观川亭"。据说当年孔子就站在那里看到山脚下五川汇流而叹曰："逝者如斯夫，不舍昼夜。"（《论语·子罕》）它包括很多意义，尤其是孔子人生哲学的精华都集中在这句话中：人生如流水一样，不断向前涌进……要效法水不断前进的品性，人也要不断地进步，如满足于今日成就就要落伍。孔子以水表达人生之理，即"以理观水"。

孔子不但观过水，而且观过山，悟出了山水中蕴含的人生之"理"，作出了"知者乐水，仁者乐山"（《论语·雍也》）的传世妙论。这里的"乐"不读lè，而读yào，表示喜好、欣赏之意。这里的知者即智者，孔子用山水类比"仁、智"，非常得当贴切。

"仁"，可靠、稳定、巩固、长久有如"山"。

"智"，灵敏、快速、流动、变迁有如"水"。

孔子观山水而联想到"仁"与"智"，这就是"以仁观山，以智观水"，显然都属于"以理观物"的范畴。

《易传·系辞下》："仰则观象于天，俯则观法于地，观鸟兽之文，与地之宜，近取诸身，远取诸物，于是始作八卦，以通神明之德，以类万物之情。"

观察之理蕴藏在天地之间，像《诗经》中所云："鸢飞戾天，鱼跃于渊，言其上下察也。"如今"神舟十一号"任务圆满成功，"神舟十二号"、"天舟二号"、新一代载人飞船、空间站任务取得新进展，"嫦娥四号"顺利登月，"蛟龙号"载人潜水器创造"中国深度"新纪录，最大下潜深度7062米，真是了不起的成就。只有上天入地（海），乘风破浪，上观天，下观地，才能得其大概，但也难以穷尽其妙。正如习近平总书记指出，人类在浩瀚的宇宙面前是渺小的，但人类的探索精神是伟大的。

观卦上面是两个阳爻，趋吉避凶。大观在上，不能走马观花，要一看再看三看多看仔细看，看完了还要深一步去想，提炼出好东西。同时要看清楚目标，不是什么都要，也不是什么都不要。不能手中拿着照相机，旁边的东西都不见；手中拿着地图，心中没有目的地；拿着火车票飞机票，到站不下车不下飞机，坐过站或下错站；拿着电影票，看错月份日期；看着手机不抬头看路，撞到人撞到车；深夜回家，不看或错看门牌号码按门铃，闹出笑话。

观察事物真不容易啊！做人做事，都要慎始善终。作家麦家说得好："人生必须具备几副眼镜：一是望远镜，看远；二是显微镜，看细；三是放大镜，看透；四是太阳镜，看淡；五是哈哈镜，笑看人生。"

想使用这几副眼镜，还要根据不同年龄段、不同时间、不同处境、不同需要、不同对象具体操作，也就是我在观卦中所谈的观：

1. 远观　近观

2. 内观　外观

3. 上观　下观

4. 正观　反观

5. 观看别人　被别人观看

剥 卦

剥：不利有攸往。

初六，剥床以足，蔑，贞凶。

六二，剥床以辨，蔑，贞凶。

六三，剥之，无咎。

六四，剥床以肤，凶。

六五，贯鱼以宫人宠，无不利。

上九，硕果不食，君子得舆，小人剥庐。

剥卦是《序卦》中第二十三卦。

剥卦下坤上艮（地下山上），卦辞为"不利有攸往"。剥：落也。其义为剥落，即衰落。剥卦五阴爻在下，一阳爻在上，阳孤阴盛，阳刚势力甚微。自然界中，秋冬之季阴气上升，则万物剥落。君子重视消长盈虚，进退顺时。阴长阳消，有所往不利。

山地剥卦，上艮下坤（山上地下），卦到九月，霜叶凋落，阴长阳消，顺而止之，藏器待时，去旧迎新。剥卦由下而上，一连五根阴爻，只残余一根阳爻，到了尽头，阴盛阳衰，即小人得势，君子受困。剥卦下卦是坤，为顺，上卦是艮，为止，顺从而不能行动，因为势不属于君子，势头、趋势、形势、势力都不顺，只有谨慎隐忍，如采取行动则不利。

剥卦初六爻（倒数第一阴爻）爻辞为"剥床以足，蔑，贞凶"。王弼《周易注》："床者，人所以安也。剥床以足，犹云削床之足也。蔑，犹削也。剥床之足，灭下之道也。"剥：去掉也。蔑：灭也，即弃去。贞：正也。去掉床的脚，是灭弃正道，故凶。

剥卦六二爻（倒数第二阴爻）爻辞为"剥床以辨，蔑，贞凶"。孔颖达《周易正义》曰："辨为床身之下，床足以上，六二阴爻虽居坤卦之中，但没有相应之爻相助，当位居中仍不免于凶。"辨：床板也。去掉床板，则床不可卧人，灭其正道，故凶。变卦时，是自下而上变的，所以一开始，就从下面剥，好似一张床，先从床脚开始坏，宇宙万物同样是这个道理，都是从下面开始坏的。听有关专业人士讲，人出生时，先动腿和脚，老的时候，先老脚和腿……好多物品，开始起用时，也意味着"剥"的开始，所以要注意维修保养啊！

剥卦六三爻（倒数第三阴爻）爻辞为"剥之，无咎"。去掉它没有害处，床已无脚无板，成为废物，故可弃去。

剥卦六四爻（倒数第四阴爻）爻辞为"剥床以肤，凶"。去掉了床上的席子，人睡在上面，寒气侵肤入身体，必致疾病，故凶。剥卦《象》曰："'剥床以肤'，切近灾也。"

剥卦六五爻（倒数第五阴爻）爻辞为"贯鱼以宫人宠，无不利"。贯：穿也。带着众宫人像贯穿的鱼一样来服侍皇上，帮助上九，应变顺势，上九保住了，无所不利。

阴阳之间斗争、依存、转化十分微妙，初六、六二、六四这三个阴爻都与阳爻上九无应比，步步逼近剥阳。"剥床以足""剥床以辨"直到"剥床以肤"，局势都是凶。六三、六五两个阴爻与上九阳爻存有应比关系，表现出依存，并含有转化的机会。六三"无咎"，六五"无不利"。六五以阴爻居五尊位，以阴承阳，并带领众阴一起顺承上九，就像妃子带领宫女听命归顺于孤阳上九，故"无不利"。

剥卦上九爻（最上阳爻）爻辞为"硕果不食，君子得舆，小人剥庐"。硕果：大果实，指收获。庐：作"芦"，荸荠根也。不独自吃大果实，得到众人拥护，好比得到可乘载的车子。而小人摘到果实后，一定会自己吃，众民遭罪，就会万家剥落，只好去挖荸荠菜根来充饥。

剥卦用正反方面对比表述告诉我们，首先要使大家安居乐业。君子有利，利益要和大家分享，不能独占独享，这样才能使民得利，凝聚人心，本固邦宁。危险时刻，要见机行事，守退待变。一阳独存，要凝聚大众，相信星星之火也可成燎原之势，要抓住机会，在危机中育新机，于变局中开新局。

剥卦的变化既是由下而上，又是由内而外，特别是潜藏在内的东西，容易先变。比如保养身体，如某个部位不舒服，发烧、疼痛等等，就要及早做体检，及早防治。变化是个过程，有的是慢慢展开的，不是叠加的；有的是突然发生的，特别是恶变，如肿瘤细胞是不断裂变的，有的速度很快，要及时有效防治。

20世纪70年代，我在黄海之滨一个公社任党委书记，经常到海边检查工作，防灾保海堤。直至现在，我还清楚地记得一个现象，令我深思：落潮时经常会发现一些死鱼留在沙滩上，不久爬来一群蚂蚁，"蚂蚁吃鱼"。涨潮时，蚂蚁来不及爬走，这时"鱼吃蚂蚁"。"蚂蚁吃鱼"和"鱼吃蚂蚁"的现象令人玩味。我们也要见微知著啊。

复 卦

复：亨。出入无疾。朋来无咎。反覆其道，七日来复。利有攸往。

初九，不远复，无祗悔，元吉。

六二，休复，吉。

六三，频复，厉，无咎。

六四，中行独复。

六五，敦复无悔。

上六，迷复，凶，有灾眚。用行师，终有大败；以其国，君凶，至于十年不克征。

复卦是《序卦》中第二十四卦。

复卦下震上坤（上地下雷），卦辞："亨。出入无疾。朋来无咎。反覆其道，七日来复。利有攸往。"复：返也。亨：通也。复卦内卦为震（阳卦），外卦为坤（阴卦），卦象是"动而以顺行"。其出入无疾，朋友来助，无咎。有往必有复，往复循环乃天地规律。六爻剥尽阴极阳生，阳刚势力生长，有所往则利。

地雷复卦，上坤下震（雷在地中），中存坤象，雷在地中，一阳来复。复卦初爻为阳爻，其上五爻皆为阴，为柔，阳刚势力已生，动而以顺行。

复卦与剥卦是"综卦"，一剥一复，相互作用，卦画上下相反。《易传·序卦》曰："物不可以终尽剥，穷上反下，故受之以复。"

复卦在十二辟卦中代表冬至十一月夜晚 11 点钟（23 时）。冬至这天，白天最短，夜晚最长，阴气最盛，阳气最少。邵雍诗曰："冬至子之中，天心无改移。一阳初动处，万物未生时。"英国诗人雪莱在《西风颂》中写道："如果冬天来了，春天还会远吗？""一阳来复"，复卦寓意着阳气开始复苏了。

关于"七日来复"有几种说法：一说卦到第七个阶段变卦了；二说从姤卦（夏至，中午 11 点）到复卦经过七个卦；三说是月亮盈亏有四个阶段（朔：初一。弦：分上弦月初七、八，下弦月二十二、三；望：十五。晦：三十日），每个阶段七天。"七"这个数，是一个非常重要的数，据说全世界都喜欢这个数，大家可以去研究。

复卦初九爻（倒数第一阳爻）爻辞为"不远复，无祗悔，元吉"。复：返也。祗：大也。人出行后能回家总是好事，走错了路能及时返回，则大吉。

春天来了，万物复苏，一阳来复，古代人此时在家闭门不出，阳气内守"不远复"。

复卦六二爻（倒数第二阴爻）爻辞为"休复，吉"。休：欣喜，美好。高兴地返回，是大吉的。六二爻位既中又正，与初九亲和，因此是愉快地返回。《象》曰："'休复'之'吉'，以下仁也。"退休后返回家中，让其职位于仁人，故吉。

十月是坤卦，六爻纯阴，这时阳在下面酝酿十一月冬至，一个阳爻在"初"位出现，一阳生，一阳来复，成为复卦。阳在下面活动，转剥为复，转危为安。《老子》曰："致虚极，守静笃，万物并作，吾以复观。"《礼记·月令》就是说人与天同步，按每月天象行事。在这时要安静，隐蔽不出，等待阴阳平衡稳定。我认为六二爻是恢复时期。

复卦六三爻（倒数第三阴爻）爻辞为"频复，厉，无咎"。频：与颦同，皱眉也。厉：危也。人出行皱眉而返，虽遇问题，知危而退，也没有灾祸。

六三爻阴柔，不中不正，又在内卦（下卦），"震"是动时极点，把持不定，常常犯错，又频频改错。不断犯错，当然危险，但能知错改错，《象》曰："无咎。"

复卦六四爻（倒数第四阴爻）爻辞为"中行独复"。行：道也。中行：中途。与他人同往，而行至中途，自己一人独返。《象》曰："'中行独复'，以从道也。"半路上独自返回，因为服从道义。

六四爻被包围在群阴中，但得正，只有单独与"初九"相应，同流而不合污，不是随波逐流，而是分道扬镳，随波逐浪高，独自返回走正道。这时吉凶还难判断，当在道义上坚持原则，吉凶得失就不必考虑太多了。正如董仲舒所说："仁人正其义，不谋其利，明其道，不计其功。"必须坚持正义，坚持原则，为所当为，也不为所不当为。

复卦六五爻（倒数第五阴爻）爻辞为"敦复，无悔"。敦：考察。人之出行，考察自己的行为，知此行不合正道，因而返回，故无悔。六五居上卦之中，像人守住正中之道，没有害处。

六五爻在外卦（上卦）"坤"的顺中得中，当然不会后悔。重新恢复正道，应在错误尚未严重之前，及时反省改正，否则积重难返；但在恢复时期，吉凶难以预料，就应该特立独行，坚持原则，不计个人得失，促进"复"来。如果头脑不清醒，不知回头，必然有凶险。

复卦上六爻（最上阴爻）爻辞为"迷复，凶，有灾眚。用行师，终有大败，以其国，君凶，至于十年不克征"。灾眚：灾殃。用行师：指行军迷路。迷失回来的路，或误入歧途，凶而有灾。用兵打仗，最终会招致大败，而且危害连及他的国君，虽至于十年之久，还不能恢复元气，不能再出征讨伐。

复卦六爻显示六种不同的行为品格。人生之路是漫长的，但最关键的是选好选对有限的几步。复卦启示我们：当邪气逼近的时候，君子不能正面抗争，宜藏气待时，保存自己，待时局变化，及时向好转化。当只剩下微弱一阳独存时，要求生求发展，必须顺应形势，停止前往，人生要懂得消息盈虚（消息：消减与增长。盈虚：盈满与亏虚）互相转化的道理，这也是大自然运行的规律。

人在关键时刻、紧要关头，何去何从一定要有清醒明智的选择，让正气回复——走正道。我想人生不就是这样吗：少青中老，生老病死，春夏秋冬，成住坏空，笑过、哭过、痛过、苦过、难过。人的一生中有平坦、坎坷、奋进、笑看、淡泊、凝望……一路走来，我把剥、复两卦与人生之路联系到一起思考，作了一首小诗。

路

前进吧！
路有宽窄短长，
犹如把人生丈量。
脚踏实地添厚重，
智慧良知聚和光，
扬帆奋进正道上！

前进吧！
路有曲折坑洼，
恰似将足迹描画。

攀登崎岖踏坎坷，

自强不息放光华，

峰回路转天地大！

前进吧！

路有虚实幽明，

仿佛为岁月剪影。

乐于奉献扬善美，

清静淡泊润心灵，

心地坦荡光明行！

（原载《人民日报》2012 年 3 月 13 日第 20 版）

人啊，如没有笑过、哭过、痛过、苦过、难过，不足以悟人生！

袁贵仁老部长（现任十三届全国政协教科卫体委员会主任）给我前面的话加了一句金句："等于没有活过。"太精妙了！

无妄卦

☰ (卦象)

无妄：元亨，利贞。其匪正有眚，不利有攸往。

初九，无妄往，吉。

六二，不耕获，不菑畬，则利有攸往。

六三，无妄之灾，或系之牛，行人之得，邑人之灾。

九四，可贞，无咎。

九五，无妄之疾，勿药有喜。

上九，无妄行，有眚，无攸利。

无妄卦是《序卦》中第二十五卦。

无妄卦下雷上天（下震上乾），卦辞为"元亨，利贞。其匪正有眚，不利有攸往"。元：大也。亨：即享字，祭也，美也。利：利物。贞：正也。无妄卦启示我们，如果不妄为，那么一开始就亨通，并告诫我们，如果不守正道，那就有灾祸，再往前走，肯定是不利的。

无妄卦上卦（外卦）为乾，三爻皆为阳爻，为刚健。下卦（内卦）为震，为动。无妄卦象是动而健，九五爻为阳爻，居上卦中位，是为"刚中"，六二爻为阴爻，为柔，应九五之刚，像有君子主持内政，有刚健正中之德，有他人应和，事业必能繁荣昌盛。

天雷无妄卦，上乾下震，雷发于天之下、山之中，风吹扬万物，万物生长而伸展。先王观此卦象，从而奋勉努力，根据天下雷行之时令，以养育万物。凡事不可妄为，最宜谨守。

无妄是刚自外来，要用外力约束自己，无妄的外卦是乾卦，为天，要遵循正确的原则，加强品德修养。

无妄卦初九爻（倒数第一阳爻）爻辞为"无妄往，吉"。一开始就要走正道，不要妄为，这样前往是吉利的。

人要守正，顺利时不能得意忘形，身处逆境时也不能失意忘形。人生的道路上往往有这几种不良现象：有些人身在福中不知福，有些人好心做坏事，有些人不知不觉做坏事，有些人损人利己，有些人损人害己，有些人破罐子破摔……人在大事上一定要清楚清醒，不能麻木不仁。清代书画家、文学家郑板桥有两句脍炙人口的名言："难得糊涂"和"吃亏是福"。可是，少数人在权、钱、色交易中昏了头，甚至从来就没有清醒过。

人要坚守正道，加强修养。不碰高压线，不越警戒线，不踩红线，牢守底线。人都向往自主、自由，但自主自由是有时空限制、有尺度的。自由自主并非我行我素，也不是狂妄自大、任意妄为。自主自由不是固执己见，要善于跟人合作，正如全国政协提出的"有事好商量"，在坚守原则的前提下，要从善如流。自主自由不是自傲自负。做人要有立场，能自立，不自负。要善于修身修己，提升自己，成熟的稻谷和水果都是低垂的。见贤思齐，礼贤下士，谦虚谨慎，才能更好地自主自由。自主自由不是任性慢疑。要摆事实、讲道理，让人信服，让人喜欢，才能成就事业。自主自由不是横行霸道。自主自由的人有尊严有主张，但不是霸道，不是讲大话，用威势、钱财欺人压人。自主自由不是刚愎自用。刚愎自用的人肆意妄为，不重视人心，不重视民意，目中无人，目空一切，这样的人无真正的朋友，容易脱离群众、失去群众，长此以往事业不能成功。

无妄卦告诫我们：要尊重规律，不能违背规律。天下雷行，雷是威恐之声。过去人们常说，你要是做坏事，天雷就会劈你。下面我选出与"有妄"相关的"雷"的一些成语：

天打雷劈　　轰雷贯耳

雷打火烧　　五雷轰顶

雷霆之怒　　轰雷掣电

电闪雷鸣　　雷惊电绕

疾风迅雷　　雷电交加

雷嗔电怒　　平地起雷

一雷二闪　　烈火轰雷

可以想象，天上乌云密布，电闪雷鸣，下面世间万物能不震惊吗？能不害怕吗？

人一定要有敬畏之心。甲骨文中就有"敬""畏"二字，这是立身处事的"清醒剂"。"敬"体现价值追求和人生态度，"畏"展现出人的自我觉醒和忧患意识。要知敬畏，特别是对未知的东西，也不能把"已知"当成"全知""终知"。要敬畏自然，敬畏法律，敬畏人民，敬畏权力，努力做到问心无愧、心安理得。"安"是人生共同的需求，忐忑不安、心里不安就是对自己的"惩罚"。

但是在人生之途中，有些事情是防不胜防的，一些无妄之灾的发生具有偶然性，很难避免。后面我在讲"变化观"的时候会讲到"知变""随变"。遇到突发事故、重大自然灾祸，产生的惨痛后果无法挽回，我们只能选择面对现实，接受事实，从心理上慢慢变"承受"为"接受"，采取积极有效措施，把损失减少到最低程度。

人要管好嘴巴，不妄言。不妄言，就是学会怎么说话，修口德，不乱讲话。出口成章不是出口成"脏"，口无遮拦、拨弄是非、张口骂人都是出口成脏。

这里讲则笑话。过去讲"五讲四美"，要一个人回答什么是"四美"。他想后回答："环境美，心灵美，行为美。"还有"一美"想不出来了，绞尽脑汁过了许久，突然拍着脑袋大声说："他妈的——还有个语言美！"

我思考了很长时间，语言无妄应有以下方面的内容：

（一）说话要有原则，不乱讲话，小心"祸从口出"。

（二）说话不能轻易承诺。

（三）说话要给别人留面子，不必说则不说。人平不语，水平不流，不当说而说是瞎说，一个人内心越充实，语言越少。

（四）不要恶语伤人。

（五）说话要看对方处境，对失意者，莫谈得意之事。

（六）讲话要有善意，忠言逆耳利于行，良药苦口利于病。

（七）不要随便乱议别人，特别是不要中伤好人，不要拨弄是非，制造矛盾。

（八）不讲涉密的话，为国家、组织利益保密。《易传·系辞》曰："乱之所生也，则言语以为阶。"

会说话是一种能力和智慧，会说话也是一门学问啊！

无妄卦初九爻是阳爻，阳是理智，阴是情感，人要一点"妄"没有，是很难做到的，但要不断用理智指导，克服情感偏差，使所作所为顺乎自然。

做到无妄，要防患于未然，避灾免祸。下面选出一些与无妄有关的含有"防"字的成语：

防患未然　防微杜渐

防微虑远　防意如城

以防万一　避瓜防李

杜渐防萌　杜隙防微

遏渐防萌　攻疾防患

积谷防饥　杜微慎防

思患预防　桑土之防

　　过去还有一句常说的话叫"养儿防老"，这句话对当代人仍有启发。现在很多老年人到了晚年，经济上没有问题，主要是孤独寂寞，思念牵挂子女儿孙，情感上缺乏交流。《常回家看看》这首歌引起千家万户的共鸣，大家并为之点赞！因为它激活了人们的情感，沟通了人的内心世界，强化了亲情交流！

　　我们要尊老敬老爱老助老，孝敬老人，孝敬父母。要抓紧时间看活人，不要等老人走了再看照片，流下后悔的泪水。

　　无妄卦六二爻（倒数第二阴爻）爻辞为"不耕获，不菑畬，则利有攸往"。菑：开垦一年的荒田。畬：熟田。不耕种想收获，不垦荒地，想得良田（是妄想），外出经商或干其他事，乃能得利。

　　六二爻柔顺中正，因应天时。个人没有分外之欲望，就是无妄（"望"与"妄"通用）；如果期望过分的收获就是妄。但求耕耘，不求"不劳而获"，称"无妄"。未贪求，有利于前往。

　　另一说六二不想耕种就想收获，这不是虚妄吗？当然无利可言。六二无求实之心，阴爻即阴位，阴虚不实。《易传·象》说它妄求不耕而获的原因是"未富也"。《易经》中阳为富有，为实；阴为不富，不实。

　　无妄卦六三爻（倒数第三阴爻）爻辞为"无妄之灾，或系之牛，行人得之，邑人之灾"。邑人：村庄中人。意外之灾，有人把牛拴在外面，却被行路的人给偷去了，本村人遭受不白之冤。

六三这一爻处于上下体交接处的是非之地，这是容易惹麻烦的地方，所以他被怀疑株连。他处于无妄的人事之中，邻居妄告他，路人顺手牵牛，这都是"妄"。他与别人之"妄"牵扯。

过去有个成语"避瓜防李"，指不要做瓜田李下的事。例如某个人丢了玉佩，你刚好在他丢失的地方低头系鞋带，你就成了他怀疑的对象了。当然还是要用事实说话，关键要其身守正。影子斜又怕什么呢？

此外，六三以阴居阳位，不正不中。既然他本来行事不正，又怎能避免在偶然交叉的事件中被怀疑呢？如果六三为人一向正派，还会被怀疑偷牛吗？他本来存在主观"妄"，又遇上客观"妄"，所以人在家中，祸从天降，遭受"无妄之灾"。

人啊，只有平时行得正才能减少所谓的无妄之灾，身正不怕影子斜，半夜敲门心不惊。北魏关朗在《关氏易传》中曰："运数适然，非己妄故，乃无妄之灾。"他这里所言"运数"是命运、气数，倒霉的事正让他碰上了，该他倒霉。这是"命运气数"定的。我认为不能这样理解，这是不科学的。

无妄卦九四爻（倒数第四阳爻）爻辞为"可贞，无咎"。贞：正也。因其人固有贞正之品德，故行事没有灾祸。

无妄卦上卦是内在修养，下卦是外部环境。九四爻阳居阴位不当位，要正固信念，一切靠自己，应该做的就去做。要养成经常自问应不应该的习惯，不能只想自己喜不喜欢。

做人做事功利心不能太强，有些东西，越想得到越得不到。你付出了，该得到了，即使你不去想，它就来了，就给你了。有的人"名利来了""到手了"会说"没有想到"，其实他早就想了，甚至投机取巧，不择手段，弄虚作假，胆大"妄为"了。持正的人考虑自己少，考虑别人多。他说"没有想到"是真的没想到所得，讲的是真话，甚至还会推让给别人。

无妄卦九五爻（倒数第五阳爻）爻辞为"无妄之疾，勿药有喜"。勿药：不用服药。有喜：古语谓病愈为有喜。没有妄为、没有乱来所得的病，不吃药也会好的。九五爻又中又正，还跟下面六二爻相应，它虽然遇上些灾祸，但是终能化解。这说明守中道、正道和时位的重要性。

无妄卦九五爻的寓意是人没有坏的念头，有小毛病、小偏差也没关系，不用吃药也能逐渐自愈，因为他很快便可以恢复正道。《象》曰："'无妄'之'药'，不可试也。"说明自身有自我康复的能力，七日来复，有过程有周期，内心纯正，可化险为夷。我认为小病该看也要看，预防为主嘛，但不要病急乱投医。

无妄卦上九爻（最上阳爻）爻辞为"无妄，行，有眚，无攸利"。无妄之"无"：勿也。眚：眼疾。妄行，则有灾眚，无所利。不要乱来，乱来有害，没有好处。另有一说：没有妄为，但一味前行必有灾祸，这是不利的，好比"走入死胡同"，走到山穷水尽的地步，再往前走有危险。

上九爻处于无妄之极，也会有错。《象》曰："'无妄'之'行'，穷之灾也。"上九告诉我们要审时度势，而"时"是客观存在，本身是变动不居的。所以要"知来"——知得现前，"知往"——知透其变化，"知义"——知时宜行止。

无妄看起来是一种行为方式，实际上更是一种思维方式、价值取向。

> 人要有思考，
> 但不要胡思乱想。
> 人要会说话，
> 但不要胡言乱语。
> 人要有作为，
> 但不要胡作非为。

大畜卦

大畜：利贞；不家食，吉；利涉大川。

初九，有厉，利已。

九二，舆说輹。

九三，良马逐，利艰贞；曰闲舆卫，利有攸往。

六四，童牛之牿，元吉。

六五，豮豕之牙，吉。

上九，何天之衢，亨。

大畜卦是《序卦》中第二十六卦。

《易传·象》曰："天在山中，大畜。君子以多识（志）前贤往行，以畜其德。"《周易集解》中向秀曰："止莫若山，大莫若天，天在山中，大畜之象。天为大器，山则极止，能止大器，名大畜也。"大畜卦与无妄卦是一对卦，两卦是"复"的关系，大畜卦位于无妄卦后，《易传·序卦》曰："大畜时也，无妄灾也。"大畜者，聚也，刚健笃实，积聚丰隆，居官食禄，顺应天道，利涉大川，先凶后吉。

大畜卦卦辞为"利贞；不家食，吉；利涉大川"。利贞，有利的。不在家里吃饭，外出谋食，这是好事，有利于渡过大河。

山天大畜卦，上艮下乾，中存震兑。山与天皆藏蓄，天刚健，山厚实，天光山色，相映生辉，有新气象。

大畜卦象是"刚健笃实，辉光日新"，积蓄大也。大畜卦是一步步积蓄起来的，"高""深""远""久"，"久"是最难的。

有人问：大畜卦和大有卦有什么区别呢？

我认为二者既相通又有不同处。大有卦是讲经济发展的，有德才、有本领的人要为人民、国家、社会创造积累更多财富，有了财富要学会依法管理经营，正确、合理、健康地享有、享用、分享。大畜卦是蓄德、蓄智、蓄养（气）、蓄贤、蓄财、蓄止。大畜是储德性，富润屋，德润身。

大畜卦初九爻（倒数第一阳爻）爻辞为"有厉，利已"。厉，危也。已，止也。其事有危险，利于停止不为。初九爻辞告诉我们要慎始自重，固本强基。我以为其内涵应有以下几点：

一是潜龙勿用，待机而动。要积蓄力量，不要盲动，无为而无不为，成长比成功更重要。

二是脚踏实地，勤奋工作。不做墙头芦苇，头重脚轻根基浅；不做山间竹笋，嘴尖皮厚腹中空。

三是站稳脚跟，放开手脚。新官上任三把火，同时要保持清醒。能干的人敢闯敢冲，有时往往冲过头。跨大步要防踩空，稳步向前。《道德经》二十四章曰："企者不立，跨者不行。"要深悟啊！

四是德才兼备，底蕴厚实。特别是要修德行，走正道。有人什么也不缺，就是缺德。人往往有几个毛病：肤浅、紧张、急功近利。我们要修身养德，特别是在蓄财富方面，君子爱财，取之有道。中央八项规定，不准用公款吃喝送礼，公款姓"公"。明朝名臣刘伯温（刘基）曰："天道何亲，惟德之亲。鬼神何灵，因人而灵。"

五是千变万化，守正不变。

大畜卦九二爻（倒数第二阳爻）爻辞为"舆说輹"，舆：车也。说：读为脱。輹：将车身与车轴相连之物。车脱輹，车身与车轴脱节，则车不能行。此爻比喻协作共事的人，其相互结合的纽带断了，分开了，则其事不能成功。

九二爻与六五爻一阴一阳相应，幸好在下卦中位，当"大畜"之时，它被位置相应而性质相反的六五柔爻所蓄止，止而不进，蓄养其德。一个人到了这个阶段，可进则进，不能进则退。

大畜卦九三爻（倒数第三阳爻）爻辞为"良马逐，利艰贞，曰闲舆卫，利有攸往"。艰贞：占问艰难之事。曰：作"四"，借为驷。闲：习也，训练有素。驾驭良马奔驰，道路虽艰险，利于所往。因为驷马训练有素，车又坚好，则利。艰难之路，能得其正。御者得其正，马行得其正。人正良马坚车。（闻一多曰："《释文》引郑玄'曰'作'日'。"每日习熟驾舆防卫技术，利于有所前往。）

九三爻像一匹经过训练的"良马"，蓄养已厚，可以驰骋了。九三和上九都是阳爻，阳刚奋发进取，志同道合，所以《象》曰："'利有攸往'，上合志也。"

大畜卦六四爻（倒数第四阴爻）爻辞为"童牛之牿，元吉"。童牛：牛犊。牿：牛角上所加之横木。俗话说初生牛犊不怕虎，喜以角触人触物，加之牛犊角未坚易折断，给小牛加上横木防护使其不致自伤其角或伤人伤物，故大吉。

当坏习惯或恶行未形成气候之前，就要阻止、蓄止。刚健者易冲动，要保护它的刚健气质，以利于时机和条件成熟后的进取。

大畜卦六五爻（倒数第五阴爻）爻辞为"豶豕之牙，吉"。豶豕：被阉割了的公猪。被阉割了的猪凶性已经去掉了，其牙已不会伤人，就没有害处了。

大畜卦上九爻（上九阳爻）爻辞为"何天之衢，亨"。何：担也，受也。衢：四通之路。走在肩负天地道义的大路上，四通八达，亨通无碍，大路通天。

　　大畜卦以蓄养为题，蓄养是个过程。初九爻"止健"，告诫进取者开始阶段要防止轻率冒进。如王阳明的"事上磨炼"，这种理念很有意义。下卦乾（初九爻、九二爻）被蓄止，意味着"蓄养"其道德智慧，上卦艮（上九爻）意味着蓄养之道走向成功、成熟。

　　我理解大畜卦的"蓄养"是：尊道、修德、守气、爱才。下面我分别谈这四个方面：

　　首先是"尊道"。

　　2017年5月，中华宗教文化交流协会和中国道教协会在湖北武当山举办第四届国际道教论坛，主题是"道通天下，德贯古今"，意在传承、弘扬和对外交流中华传统文化，具有非常积极的意义。我写了一篇《关于加强道德建设的思考》，被选为大会发言，并印发给全体与会人员。

　　"道"是中国古代哲学的重要范畴，作为中国传统哲学重要内容的儒、释、道三家都对这一范畴作过充分的论述，各自形成了系统而独具特点的道论。"道"究竟是什么？《道德经》八十一章中"道"字出现73次，"道"的确是老子学说的核心所在，这个"道"是老子心中的万物本源。"道生一，一生二，二生三，三生万物"，"道"是"常"，是不变，是人类社会运行的法则。"道"也是无，"无限"的"无"，无不是虚无，不是没有。

　　道是大全，道是无规定性的存在，道是自然法则，"道可道，非常道"，"道法自然"。我们一定要"尊道"，按规律办事。

　　其次是"修德"。

　　德是中国古代道德哲学的重要范畴，"德"字的起源及原始意义今日难以考定，《说文解字》中解释"德"的本意是"升也、登也"。至西周时期，德已具德行、品德之义。一直到春秋时期，"德"和"道"都是分开讲的，二者并没有构成为一个专用名词，而且"道"这个范畴的意义层次较德要高。德主要是从道的实践和体现层面来讲的。《道德经》中讲"天下万物生于有，有出于无"，那么"有"又是什么？"有生于无"，"有"是天地万物的外延，是一个客观的存在，以道为基础，以德为归宿，蓄德体道，构成了天地和谐的有机整体。

根据哲学家张岱年先生的考证，"道"和"德"字连用成为"道德"一词，始于战国后期。《荀子·劝学》中说"故学至乎礼而止矣，夫是之谓道德之极"。汉代以后，"道德"成了常用词。

2014 年 3 月，中国国家主席习近平在联合国教科文组织演讲中说："中华文明经历了 5000 多年的历史变迁，但始终一脉相承，积淀着中华民族最深层的精神追求，代表着中华民族独特的精神标识，为中华民族生生不息、发展壮大提供了丰厚的滋养。"这充分表达了中华优秀传统文化的历史地位、丰富内涵、时代价值和现实意义。

改革开放以来，我国的经济活力持续增强，人们的道德素质也有了较大提高。随着社会结构的深刻调整、利益格局的深刻变革，道德建设方面也出现了新情况、新问题。关于如何进一步加强全社会的道德建设，我有几点想法与大家探讨交流：

第一，要从小抓起，加强青少年的道德教育。

第二，要知行统一，开展形式多样的道德实践活动。

第三，要以人为本，努力营造人人参与道德建设的良好氛围。

第四，要加大宣传，用先进典型事迹加强道德教育。

第五，要推陈出新，传承弘扬中华民族传统美德。

我就第五点多讲几句。

文化是民族的血脉和灵魂，中华民族具有独特的文化系统。中华优秀传统文化强调人在社会中的地位与责任，注重自强不息、厚德载物、刚健有为和修身、齐家、治国、平天下的理想信念与道德追求。要以科学的态度对待传统文化，坚持古为今用、推陈出新、与时俱进地继承。既要切实加强对中华传统美德的挖掘和阐释，又要处理好继承和创造性转化、创新性发展的关系。要按照时代特点和要求，对那些至今仍有借鉴价值的内容加以改造，赋予其新的时代内涵和现代表达形式，激活其生命力，增强其感召力。

中华文明是在中国大地上产生的文明，也是同其他文明不断交流互鉴而形成的文明。中华文明历来把人的精神生活纳入人生与社会理想之中，从"道与德行"到今天的道德建设，道德追求在中华文明发展中不断传承与升华。"道通天地，德贯古今"，随着经济社会的不断发展、世界交流的日益广泛，道德建设必将在促进家庭和睦、社会和谐、世界和平中发挥出更大的作用。

再次是"守气"。

以下是一些与"气"有关的正能量的成语：

严气正性　扬眉吐气
正气凛然　志高气扬
吹气如兰　剑气箫心
气壮理直　神清气爽
同气相求　和气生财
春风和气　大气磅礴
荡气回肠　浩然正气
气宇轩昂　平心静气
紫气东来　秋高气爽
气定神闲　颐神养气

一气浑成　气争万千

气冲霄汉　气贯长虹

瑞气祥云　一鼓作气

任侠尚气　专气致柔

持其志，无暴其气

南宋名臣、爱国诗人文天祥《正气歌》曰："天地有正气，杂然赋流形。下则为河岳，上则为日星。于人曰浩然，沛乎塞苍冥。"这气，对天地万物而言，总名为正气；对人而言，便是浩然之气。这股正气在人的身体生命中和在宇宙中一样，遵循二元一体的原理，分为两部分，一部分是物理的、生理的，一部分是精神的、心理的。这股正气到了人的生命中，才叫"浩然之气"。我们如果好好修炼，培养这股与生俱来的浩然之气，就可以发挥生命的功能，和宇宙沟通，所以说"沛乎塞苍冥"。

关于"守气"，我也请教了多位国学大师和院士，特别是认真研读了南怀瑾所著《我说参同契》（《参同契》是汉代的火龙真人魏伯阳写的，我觉得讲得非常好）上中下三册，又反复研读了南老著的《孟子与公孙丑》，觉得有些篇章特别精彩、特别深刻，比如"修养哲学上的辩证""从心所欲不动心""养气功夫""理气不二论""浩然之气""心气一贯""志气与养心""平心静气""孟子养气心法"等章节。我反复地研读思考，将其与《黄帝内经》结合起来学习，力求深入理解其中的真义和精神。

我参悟"守气"，就是要蓄养正气、大气、和气。

正气：浩然之气象，中正平直。只有走得正，才能走得远。

大气：海纳百川、有容乃大之气象。要有江海一样的胸怀，以低姿态、高标准要求自己，严以律己，宽以待人。

和气：内健外顺、兼修并蓄、外圆内方，智圆行方，一团和气。

最后谈谈大畜卦的蓄才和蓄财。

尚贤、爱才、育才，事业才能兴旺发达。要发现、培养、使用、保护人才。

一要发现人才的长处，使用人才的长处，让人才有发展空间，还要储备人才库，有后备人才。

二要包容人才。用人长易，容人短难，长短相辅相成、相反相成。世间事，顺逆相随，圆缺相生，长短相通。一个人的优点和缺点，两头往往是相通的。

三要信任人才，放手使用。大才往往个性较强，有棱角，是难用的人。如果你能用、会用，今后他们会变成对事业有大作用的人。

四要重德用才。德才兼备，以德为先。

五要合理用才，优化结构，培养好接班人。会用人的人是能人，会用能人的人是高人。

蓄也有蓄钱财的意思。但是君子爱财，取之有道，取到钱，还要守纪守法，用好钱财。一些人有了财富后，很容易产生傲慢无礼、奢侈铺张、欺凌他人等不良行为，易生隐患。

有财富后要守正，善为善用。金钱本身无罪，在好人手里可以被用来办好事、办大事，但在坏人手里便可能被用来干坏事。特别是对意志不坚定、缺道德的人来说，财富就具有强烈的腐蚀性。胡花乱用"钱财"，"钱"就成为帮凶。善为善用"钱财"，"钱"就成为帮手。钱财要"正取善用"，才能利国利民！

咸 卦

咸：亨，利贞。取女吉。

初六，咸其拇。

六二，咸其腓，凶。居吉。

九三，咸其股，执其随，往吝。

九四，贞吉，悔亡。憧憧往来，朋从尔思。

九五，咸其脢，无悔。

上六，咸其辅颊舌。

咸卦是《序卦》中第三十一卦。

咸卦是一个新的开始。《易经》六十四卦是个完整的体系，起于乾、坤两卦，终于既济、未济两卦。其中上经三十卦，下经三十四卦又是一个阶段，起于咸、恒两卦，咸卦是《易经》下经第一卦。"有天地然后有万物，有万物然后有男女，有男女然后有夫妇，有夫妇然后有父子，有父子然后有君臣，有君臣然后有上下，有上下然后礼义有所错（措）。"人伦之始，始于夫妻。下经三十四卦是从男女夫妇开始，围绕家庭伦理、人际关系、社会道理等，探讨人生哲理和立身处事的行为规则。

咸卦艮下兑上，下艮为少男（九三爻），上兑为少女（上六爻），男女相感应。艮为笃实，兑为喜悦，少男以笃实态度相求，少女以喜悦之心相应，交相感应而结为夫妇，有了夫妇生育后代才有父子关系，有了父子家庭衍生成社会，然后才出现国家及君臣，有了君臣关系才产生上下尊卑的等级名分，有了上下尊卑名分然后礼仪才能实施。这些皆由咸卦所象征的夫妇关系而来。

朱熹《周易本义》曰："咸，交感也。兑柔在上，艮刚在下，而交相感应。又艮止则感之专，兑说（悦）则应之至。又艮以少男下于兑之少女，男先于女，得男女之正，婚姻之时，故其卦为咸。"

咸卦卦辞为"亨，利贞。取女吉"。亨：通也。贞，正也。人与人相感，利在以正道相感，男女以正道相感，则娶女吉，夫妇白头偕老。

泽山咸卦，兑上艮下，中存乾巽，刚柔相应，二气和合，万物相感，各有所成。咸者，感也。天地相感，万物和谐；夫妇相感，家庭和谐。

咸卦初六爻（倒数第一阴爻）爻辞为"咸其拇"。咸：感也。拇：足大指。感应在足大指。

咸卦六二爻（倒数第二阴爻）爻辞为"咸其腓，凶。居吉"。腓：小腿肚子。感应到腿肚子，凶。不出家门，吉。

咸卦九三爻（倒数第三阳爻）爻辞为"咸其股，执其随，往吝"。执：握住。随：裂开的肌肉。感应到大腿，手抚其破裂的肌肉，创深而痛甚，不利于行路，有所往，难也。执着而盲目地跟随别人前往，必有遗憾。

咸卦九三爻与上六爻相感应，要"谈恋爱"了。恋爱是爱情开始的起点，要加深了解，以正相感。我在这里要说的有几个问题：

一是爱什么人。不能随意，不能选错，这是选人的问题。

二是你到哪里去找。《象》曰："'咸其拇'，志在外也。"

三是怎么看待恋爱。如果把恋爱看得很简单，把婚姻看得很容易，谈恋爱、结婚很轻率，那么离婚也容易。没有结果的恋爱，算不上真正的恋爱。真正的恋爱最好就是一次、最初的一个也是最后的一个。当然，这是非常理想的，实际生活中常常并非如此。有选择没有错，但不能"脚踏几条船"，这样会引起矛盾，甚至激化矛盾。

恋爱中的人会产生幻觉，"情人眼里出西施"，恋爱中的人容易把对方一些不好的习惯看成优点，比如把大手大脚、铺张浪费视为"大方"，把乱交往视为有能力、路子多，把恋爱时管理对方过头视为在乎对方、细致周到……

青年朋友们从男女交往到谈恋爱，要正确选择，冷静处理问题，不能闪电式地一头扎进自己刚认识还不了解的人的怀里，产生不良后果，自作自受。

咸卦九四爻（倒数第四阳爻）爻辞为"贞吉，悔亡。憧憧往来，朋从尔思"。憧憧：往来不停。思：思想。守持正道可获吉祥。心神不定，情绪多杂，拿不定主意。稳定情绪以正感应，方能有朋友跟随。另有一说：人们往来不断，好事也跟来了。

咸卦九五爻（倒数第五阳爻）爻辞为"咸其脢，无悔"。脢：背肉。感应到了后背，但也没有悔恨。比爻辞比喻你与意见不同的人感应，能在细微处感应，那才是无害的。

咸卦上六爻（最上阴爻）爻辞为"感其辅颊舌"。辅、颊同义，皆称腮。感应到腮和舌，两个部位全在脸上，表明感应在表面上。口若悬河，花言巧语，甜言蜜语，言动其腮和舌，这种感应是假的，不是真感应。

下面继续谈我对咸卦的体会，还是关于恋爱和婚姻方面的有关问题。

一是树立正确的人生观、价值观。什么"富二代""高富帅""高标准，颜要求"等戏言，真搞笑！恋爱要克服直觉性、麻木性、肤浅性，除了看外貌身材，更要了解心灵思想。

二是要辩证地看问题。能力、地位、工资、房子都是可以变化的，关键靠自己努力奋斗。

三是不要急于求成，欲速则不达。不要仅仅因为一时相爱而结婚，又因为后面了解了对方的缺点而草率离婚。这里我也要强调几点：

1. 恋爱途径——双方是怎么认识的？这也是建立婚姻关系的途径。

2. 恋爱婚姻的基础是否牢固？一切都在变化，恋爱婚姻不能只建筑在钱财上，把男方当成"建设银行"，女方是"招商银行"。双方的三观是否健康、匹配也很重要。

3. 恋爱期间相处是否和谐？

4. 是否有共同兴趣？

5. 双方性格脾气能否互让互补？

6. 双方教育水准不能相差太大（当然也有例外的），要了解对方学习喜好，最好在双方交流中能有一些共同语言。

咸卦就谈到这里，希望以上研读咸卦的体会能够给未婚青年男女一点参考意见，并能使你们从中得到一点启发。

恒 卦

恒：亨，无咎，利贞，利有攸往。

初六，浚恒，贞凶，无攸利。

九二，悔亡。

九三，不恒其德，或承之羞，贞吝。

九四，田无禽。

六五，恒其德，贞，妇人吉，夫子凶。

上六，振恒，凶。

恒卦是《序卦》中第三十二卦。

恒卦卦辞为"亨，无咎，利贞，利有攸往"。恒指经久、通顺，无害，占问有利，有所往有利。

雷风恒卦，震上风下，中存兑乾，雷动风行，雨泽于下，刚柔相应，通顺无阻，为恒久之象。

恒者，久也，日月长明，长久安静，不动为良，四时变化，天道之常，日月运转，阳光普照。

恒卦初六爻（倒数第一阴爻）爻辞为"浚恒，贞凶，无攸利"。浚：掘之求深。浚河浚井，皆宜适可而止，浚久过深，过深则河岸、井壁之土将崩裂，水淹没人，只见其害，不见其利。此爻意为行事求之过分，有害无利，特别是在开始阶段，求深欲速则不达。

恒卦九二爻（倒数第二阳爻）爻辞为"悔亡"。其悔将去。因其久于正中之道。

恒卦九三爻（倒数第三阳爻）爻辞为"不恒其德，或承之羞，贞吝"。承：受也。羞：耻辱。吝：难也。人不能经久守道德，朝三暮四，他人对其不信任而猜疑，不欢迎而排斥、羞辱，其人将天地不容，给自己带来危害。

恒卦九四爻（倒数第四阳爻）爻辞为"田无禽"。田：猎也。田猎不得鸟兽，因其久在不适宜行猎的环境，是为不得其位（九四为阳爻居阴位）。人处于不适宜的环境，一无所获，不能取得大成就，宜退步，宜待时。

恒卦六五爻（倒数第五阴爻）爻辞为"恒其德，贞，妇人吉，夫子凶"。夫子：丈夫。妇人从夫，从一而终，恒久保持其美德，守持正道，可获吉祥。男人要在外面裁度事理，如像女人一样柔弱顺承，则有凶险。男女同样是"恒其德"，或吉或凶，这里有男尊女卑之意，反映了时代局限性。

恒卦上六爻最上阴爻爻辞为"振恒，凶"。振：震动。雷雨过久成灾。"振恒"是说恒心受到干扰、震动，动久则凶。压力太大，时时不安，无法成功。

恒卦九三爻、九四爻、六五爻都是讲"恒其德"和"不恒其德"的好坏结果。夫妻难找难遇，要用心守恒，心甘情愿为对方多想多做，互相赞美，互相体谅。夫妻关系再密切，日常生活中也会有矛盾，非原则性问题既要就事论事，也要多宽容礼让。人了解自己的错误容易，承认错误却很困难。因此，在对方生气的时候要少说话，不要"火上浇油"。夫妻争吵要解决问题，不能轻言离婚，即使说了过激的话，也不能做过激的事。此外，不要随意批评对方的父母家人。

我理解的婚姻有这样几个时期：

第一个：奔放期。天真烂漫，幻想激情，说尽最甜蜜的话，写尽最动人的句子。我在街头看到一对男女小青年拥抱、接吻……孩子啊，要注意场合、分寸。

第二个：转移期。有了孩子"晶晶""果果""甜甜""蜜蜜""佳佳""呱呱""豆豆"（种瓜得瓜，种豆得豆）等等，孩子成为家庭的宝贝，成为夫妻的纽带，爱情生活更丰富，结合得更紧密。

第三个：深沉期。两个人挑一副担子赶路，上有老下有小，有的自己身体也不太好，此时爱情不仅仅是享受了，要尽更多的义务和责任。

第四个：回复期。此时又回复到童真时代。两个人手挽手看夕阳，浪漫吧！浪漫嘛，"浪费时间慢慢走"，欢度晚年。

在我所了解的婚姻当中，善因善果的往往以心相感，以情交流沟通，恒久为贵。因为这是经历了情感历程、情感记忆的幸福陈酿，弥足珍贵。

恒卦《象》曰："'浚恒'之'凶'，始求深也。"要慎重初始，避凶趋吉，心灵感应，以正为吉。恒卦九二爻以阳居阴爻，本来不正，理当有悔，但它能转而守正而行，"悔亡"。

咸卦从男女恋爱谈起，强调感情交流；恒卦则强调夫妇之道贵在恒久。下面，我列举一些表现恋爱婚姻美满幸福的词：

真情	牵手	责任	担当
坚守	关怀	警觉	信任
包容	呵护	感恩	收获
无愧	健康	幸福	快乐
爱心	真心	细心	耐心
恒心	感动人心		

情义无价　　我们牵手

大爱无言　　我们走过

爱心无限　　我们牵挂

爱你到永远　　天长地久

我选这些美好的词语送给大家，也是对大家真心真情的祝福！

《易传·序卦》曰："夫妇之道，不可以不久也，故受之以恒，恒者，久也。"恒卦对恒久是大加褒扬的。"恒，亨，无咎，利贞，久于其道也。"

现实生活中，我不由感叹：人生风雨如磐，岁月同舟相伴。

夫妇之道，贵在恒久。相亲相爱，白头偕老，真不简单！老伴真是一个令人动容的字眼，其内涵不仅仅是爱，更是一个无可取代的地位。有一天，我听几位夫人闲谈聊天，谈的都是家里事和老伴的事。听了她们一些话后，我仔细思量，深刻感悟：从老公、老婆到老头子、老太婆是一生的承诺和相伴。我笑言：从新婚宴尔到老伴这个阶段，比公务员升到厅局级干部还要难——哈哈！这是要有多少关爱、包容、承担、信念、欣赏和忠诚，才能进入佳境。在经历了多少个争争吵吵后，才能风雨过后见彩虹，迎来阳光灿烂的新的一天。赵元任与刘半农共同创作过一首歌曲《叫我如何不想她》，词曲美极了。现实生活中赵元任和夫人杨步伟还对了一首诗，杨步伟：

吵吵争争五十年，

人人反说好姻缘。

元任欠我今生业，

颠倒阴阳再团圆。

赵元任：

> 阴阳颠倒又团圆，
>
> 犹是当年蜜蜜甜。
>
> 男女平等新世纪，
>
> 同偕造福为人间。

这多么令人羡慕！诗中所说的争争吵吵其实是老伴间特有的"抒情"方式。二人心心相印，感情牢固，事业长久，健康长寿。

此外，著名语言学家王力赠夫人夏蔚霞诗曰："今日桑榆晚景好，共祈百岁老鸳鸯。"有时爱情与学术、地位关系不大，但和心灵的觉知有关。心灵相通是相亲相爱的最高境界。

家人卦、睽卦

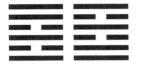

家人：利女贞。

初九，闲有家，悔亡。

六二，无攸遂，在中馈，贞吉。

九三，家人嗃嗃，悔厉吉；妇子嘻嘻，终吝。

六四，富家，大吉。

九五，王假有家，勿恤，吉。

上九，有孚威如，终吉。

睽：小事吉。

初九，悔亡。丧马，勿逐自复。见恶人，无咎。

九二，遇主于巷，无咎。

六三，见舆曳，其牛掣，其人天且劓，无初有终。

九四，睽孤，遇元夫，交孚，厉无咎。

六五，悔之。厥宗噬肤，往何咎？

上九，睽孤，见豕负涂，载鬼一车，先张之弧，后说之弧；匪寇，婚媾；往遇雨则吉。

说了咸卦、恒卦后，再简要说一下与之相联系的两个卦。家人卦为《序卦》中三十七卦，睽卦为第三十八卦。

家人卦（风火家人）说明家庭中的伦理道德。这一卦外卦九五爻与内卦六二爻都得正，象征着家中夫妇各守正道。一家人相亲相爱，和睦和谐，欣欣向荣。睽卦与家人卦上下相反，相互是"综卦"。"睽"是目不相视，违背、背离的意思。要小心做事，求同存异，化分为合。家和万事兴，不和则乖离。现在我想将咸、恒、家人、睽四个卦糅合在一起谈几点体会。

家庭是生命的摇篮，社会的细胞，历史的档案，个人休养生息的港湾。

家庭是为法律和道德所承认的两性的结合。人的一生最大量的时间是在家庭里度过的。恩格斯说人类的文明史"是和家庭的起源同步的"。(《家庭、私有制和国家的起源》)所以我们对家庭问题、家庭文化要认真研究。

我认为，研究家庭文化要把握住几个着手点。

（一）研究家庭物质生活的文化内容，即衣食住行等。

（二）研究家庭的精神生活，特别要研究人的价值观念。十八大对加强社会主义核心价值体系建设的描述，倡导富强民主文明和谐，倡导自由平等公正法治，倡导爱国敬业诚信友善，积极培育和践行社会主义核心价值观。

（三）研究家庭当中以及家和社会的人际关系。

（四）研究家庭道德建设，注重提高人的思想文化素质。我认为幸福家庭有四种状态：一是积极进取，二是团结和谐，三是敬老尊老，四是书香氛围。

（五）婚姻家庭的调适：一是法律，二是道德，三是政策，四是民俗（风俗）。

中华民族是一个有着悠久历史文化和优秀传统美德的民族。自古以来，人们就十分重视家庭和谐稳定，崇尚"修身齐家治国平天下"，形成了源远流长的家庭伦理观念和道德规范。其中，敬养双亲、父慈子孝、养子必教、教子从道、夫妻互敬、尊老爱幼、勤俭持家、和睦邻里等传统家庭美德最受推崇，并流传至今。这些美德对维系和调整家庭关系，保持家庭和谐，稳定整个社会有着不可低估的作用，对今天的社会发展和进步仍然具有重要意义。

《彖》曰："男女正，天地之大义也。家人有严君焉，父母之谓也。父父，子子，兄兄，弟弟，夫夫，妇妇，而家道正；正家而天下定矣。"家庭内部的话题包括夫妇关系、子女教育、婆媳关系、赡养老人等。以下谈一谈具体认识。

（一）夫妇关系。夫妇关系前面已谈了较长的篇幅，此处略过。

（二）子女教育。俗话说："可怜天下父母心。"望子成龙、望女成凤是天下父母的愿望。许多父母的梦想都寄托在孩子身上，教育抚养子女成长成人成才是对的，但是要看孩子的实际情况，也要看父母自身的情况。

幼儿期，不能把孩子当成玩具。有的人在没有孩子时把狗当儿子，遛狗时还得叫狗喊人阿姨叔叔、爷爷奶奶，还给狗精心打扮，穿上衣服鞋子，上床睡觉，逢年过节还给狗戴上二维码，刷码给红包压岁钱，很好玩，也很搞笑！有的夫妇有了孩子后，也把孩子当狗崽子当玩具。

我认为，孩子在成长过程中，父母要懂得这样几句话：孩子是人，孩子是未成年人，孩子终究要成为独立的人。

首先是养成教育。孔夫子说："习惯成自然。"子女的生活态度和学习习惯是后天培养的。顺其自然，不是听其自然，更不是放任放纵，娇惯溺爱。优秀是一种习惯，习惯才能成自然。父母是孩子的榜样，是人生第一任老师。孩子小时候一切过错追根溯源多是父母造成的。《三字经》中说："子不教，父之过。教不严，师之惰。"我反复想说一句话：父母好好学习，孩子天天向上。

上小学前，重点是孩子的品德教育，以生活习惯养成为主，家长要多教教孩子可学的东西，多陪孩子玩玩，多带孩子做一些户外活动，拥抱阳光、空气、大自然。如果孩子有不好的习惯，要多提醒，正面引导，帮助改进，少用负面语言，因为负面语言容易成为暗示。俗话说："三岁主皮，四岁半墙，五岁主骨。"四五岁是孩子智力、体能、知觉发展的一个关键阶段。即使孩子摔倒了，只要不伤筋动骨，也是一种学习。上学前，最好不用钱作为对孩子的奖励。因为他对钱的本质意义还不明白。

刚上小学时，要让他做到肯上学、不迟到，熟悉有关规矩，从自由转向有规律的生活。

上初中了，"风声紧，雨意浓"，风雨来临时期，孩子生理上进入青春期，心理上进入叛逆期。孩子和家人顶嘴、反抗，只是表现自我的存在，但有的也会出现极端行为，甚至违法犯罪。在这里我结合《易经》中的蒙卦（卦序四）谈一些教育体会。

蒙卦卦辞为"亨。匪我求童蒙，童蒙求我"。蒙为什么还"亨""好"呢？因为人是可以通过教育启蒙的。"蒙以养正"，首重自然感应，潜移默化。蒙卦主张包容，主张通过教育帮助蒙昧者走正常的人生之路，同时主张教育与惩罚相结合，必要时要有严厉措施。正如当今我们国家实行的法治与德治相结合。

二十二年来，我率社会各界人士多次到镇江句容教管所开展对失足少年的帮教活动。每年中秋节都和上千名失足孩子共度中秋，内容是一场报告会、一场文艺节目，给每个失足孩子发一块月饼，并按照法律程序，于中秋节这天提前释放一批孩子，让其父母接回家过团圆节。这一天，孩子一生难忘！

经过多年的调研，并和各年龄段、各种类型的孩子交流、交往、打交道，我组织编写了《孩子你好吗》一书，从家庭、学校、司法、社会等方面对未成年人的教育与保护剖析探讨。该书受到有关专家学者的肯定和社会方方面面的好评。每次去省未成年犯管教所，看着这些正值花季的少年身着囚服失去自由，我的心里总有一种莫名的酸楚。世上哪个父母不盼着自己的孩子有出息呢？但这些"不懂事"的孩子，有的就是"一念之差"，"一怒之下"，激情犯罪，触犯法律，最后在大墙院内接受教育改造。他们的失足犯罪，给他人、社会和国家造成一定的危害，给家人带来莫大的创伤，也成为他们自身惨痛的教训。一个家庭里孩子出了问题，还会有幸福快乐吗？

这些孩子走上歧路的原因各异，但有一个共同点，就是在他们学习、生活、情感、心理等方面遇到问题甚至障碍时，苗头没有得到及时发现。作为未成年人，他们的心智还不是很成熟，一些偶然因素就会导致他们的人生航向发生偏差，如果不及时加以正确引导，就极有可能误入歧途。

高中大学阶段，要培养孩子独立人格和自治精神，尊重子女的选择，让子女走向自己想走的前途。这个年龄段，他们的判断力、成熟度欠缺，要教育孩子树立正确的世界观、人生观、价值观。要做到家人卦上九爻的"有孚威如，终吉"。

要教育孩子爱读书、读好书，多吸收正能量。计算机、手机是工具，不是玩具，一有时间就上网，甚至打游戏，这是要注意的，过度了就有害身心健康。同样一篇文章，在书本上看和在手机上看，效果是不一样的：看书的印象深刻，容易记住；看手机不断翻屏，容易浮光掠影，碎片化，再回头想复"看"时也不容易找。我问过的许多人也有同感。

建议在青春期的孩子少看爱情小说。爱情小说写得深刻的人，往往本身的爱情就是不美满的，甚至有些人的家庭是破裂的。

有女儿的家长，要教育孩子自理自爱，持重稳重，学会保护自己，不要太张扬。《易经》解卦（卦序四十）六三爻："负且乘，致寇至，贞吝。"《象》曰："'负且乘'，亦可丑也；自我致戎，又谁咎也？"这对我们深有启示。爱美之心，人皆有之，但要合适得体，不要这里露一块，那里露一块，容易带来麻烦，甚至被伤害，"盗之招也"。

（三）家庭中的婆媳关系。我认为婆媳关系有以下几个方面：1.法律关系；2."准血缘"关系；3.协作关系；4.微妙的竞争关系。

小时候，每逢娶亲迎亲，我们就去看热闹，看新娘子。家里来了新娘子，这时老娘就要考虑自己在家中被人重视和尊重的程度。下面的问题就来了：首先，以谁为中心？其次，在与儿子的关系上，婆婆是否开明开通。

婆婆不开明，就会对媳妇产生一种心理距离。同时，婆媳之间发生矛盾时，儿子只能劝解，不能介入，不能偏向一方。以和为贵，家才能达到恒卦的"恒其德，贞"和家人卦的"有孚，威如，终吉"。

处理家庭关系、婆媳关系还要学会说话。星云大师曾多次给我讲过"四给"：

> 给人欢喜
>
> 给人方便
>
> 给人信心
>
> 给人希望

我听过一个婆婆交代媳妇买鱼的故事：媳妇出去买其他东西，把这件事给忘了（不是有意忘的），回到家里才想起来，怎么说呢？她计上心来，聪明地说："我去的时候，大家都说今天的鱼不新鲜了，明天我一早就去买。"婆婆听后也不生气。要尊重婆婆，亲情伦理是不平等的，但这是合理的不平等。

（四）尊敬赡养老人，即儿女和老人的关系。

对老人要尊重、关心、照顾、赡养。我担任省政协主席的时候，组织有关方面专家编写了一本书《欢度百岁》，研究了2000多个百岁老人，总结发现，随着年龄的增长，老人的心理、生理也发生了一些变化：

一是自尊较真。老人年纪大，经历多，辈分长，即使在家庭不占主导地位，也喜欢发表权威性意见。有笑言，家里买两百斤大白菜，也给他写个纸条，他"批示"："同意！"

二是寂寞孤独。有的空巢老人子女不在身边，生活极其单调，缺乏人际交流，喜欢想东想西，因为有东西可想。

127

三是老化退化。老人记忆力差了，腿脚没有过去灵活了，力气也没有过去大了，须知做事要减"当年勇"。

四是返老还童。天真老小孩，往往贪吃贪玩。

五是留恋怀旧。过去的许多事在头脑中过电影，有的十分留恋年轻时的人和事，反复啰唆过去的事。家人耳朵都要听出老茧来了。但要理解他们，有些事必须听，听他们的啰唆也是一种陪伴，也是一种亲情，也是一种尊敬。待他们走了，你想听也听不到了。今天我只有在手机上才能听到父亲的录音，一直深切怀念着他。

人要懂得感恩。过去有句老话叫"忘恩负义"，凡忘恩者必负义，凡不尊重不赡养不孝敬不感恩老人的人必负义。没有父母哪有你？！我对感恩的理解，就是对曾经帮助过你的人心存感激，感恩父母的养育，感恩生活的赐予，感恩你身边所拥有的一切，进而知道珍惜珍爱！

革 卦

革：己日乃孚，元亨，利贞，悔亡。

初九，巩用黄牛之革。

六二，己日乃革之，征吉，无咎。

九三，征凶，贞厉。革言三就，有孚。

九四，悔亡，有孚改命，吉。

九五，大人虎变，未占有孚。

上六，君子豹变，小人革面；征凶，居贞吉。

革卦是《序卦》中第四十九卦。

革卦卦辞为"己日乃孚，元亨，利贞，悔亡"。革：改。己日：古代以十天干纪日，甲骨文中就有"甲乙丙丁戊己庚辛壬癸"，一直用到清朝宣统三年即 1911 年。己在天干中排第六位，也是后五位之始，五是生数，六是成数（雪花是六角）。己有变更的意思，己日后为庚日，前后为转变之时。革卦上兑为泽，下离为火，水火相息，泽中水已干，火已烧泽内草木。万物生长至衰亡都要顺天时地利而变革。人类修治历法以明确时令，适时安排生产生活，守持正德，前景亨通，悔恨随之消亡。

革卦初九爻（倒数第一阳爻）爻辞为"巩用黄牛之革"。巩：捆固。黄：中色。用黄牛皮制成的带将其捆牢固，使被困的不能有什么作为。

革卦六二爻（倒数第二阴爻）爻辞为"己日乃革之，征吉，无咎"。祭祀之日推行变革，向前进发，吉祥，无害。

革卦九三爻（倒数第三阳爻）爻辞为"征凶，贞厉。革言三就，有孚"。急躁冒进会有危险，即使正当仍有危险，变革的措施方略要再三讨论达成一致，取得众人信任，言诚才有信。

革卦九四爻（倒数第四阳爻）爻辞为"悔亡，有孚改命，吉"。悔恨消失，有了诚心信用，变革旧命，可获吉祥。

革卦九五爻（倒数第五阳爻）爻辞为"大人虎变，未占有孚"。大人像猛虎般地推行变革，无须占问，自然就得到别人相信。

革卦上六爻（最上阴爻）爻辞为"君子豹变，小人革面；征凶，居贞吉"。君子变革像豹一样威猛，小人脸色变了，改变以前的面目；如果这样出兵征伐，冒进行事，会有凶险。安定静居，守持正德、正义、正道，可获吉祥。

1978 年 12 月 18 日，我们党召开十一届三中全会，开启了改革开放和建设中国特色社会主义的伟大征程。我们党作出实行改革开放的历史性决策，是基于对党和国家前途命运的深刻把握，是基于对社会主义革命和建设实践的深刻总结，是基于对时代潮流的深刻洞察，是基于对人民群众期盼和需要的深刻体悟。

习近平总书记指出，改革开放是我们党的一次伟大觉醒，正是这个伟大觉醒孕育了我们党从理论到实践的伟大创造。改革开放是中国人民和中华民族发展史上一次伟大革命，正是这个伟大革命推动了中国特色社会主义事业的伟大飞跃！

要使改革取得成功、成就、成果，要重视做到以下几个方面。

一是要有正确的指导思想。改革开放四十多年来，我们党高举中国特色社会主义伟大旗帜，坚持以马克思列宁主义、毛泽东思想、邓小平理论、"三个代表"重要思想、习近平新时代中国特色社会主义思想为指导，始终坚持解放思想、实事求是、与时俱进、求真务实；始终坚持以经济建设为中心，不断解放和发展社会生产力；始终坚持中国特色社会主义政治发展道路，不断深化政治体制改革，发展社会主义民主政治；始终坚持发展社会主义先进文化，加强社会主义精神文明建设，培育和践行社会主义核心价值观；始终坚持在发展中保障和改善民生；始终坚持保护环境和节约资源，坚持推进生态文明建设……始终坚持加强和改善党的领导。我们要认真学习贯彻习近平总书记在庆祝改革开放40周年大会上的讲话精神，并切实将其落实到行动中。

二是革故鼎新要符合发展规律和方向。革卦卦辞为"己日乃孚，元亨，利贞，悔亡"，就是改革也要顺天应时，这里的"己日"，是前后、新旧转变之时。"文化大革命"十年内乱导致我国经济濒临崩溃的边缘，人民温饱都成问题，国家建设百业待兴。党内外强烈要求纠正"文化大革命"的错误，使党和国家从危难中重新奋起。我们党以巨大的政治勇气和智慧，不断推进改革，尤其是十八大以来，中央提出全面深化改革总目标是完善和发展中国特色社会主义制度、推进国家治理体系和治理能力现代化，必须更加注重改革的系统性、整体性、协同性，加快发展社会主义市场经济、民主政治、先进文化、和谐社会、生态文明，让一切劳动、知识、技术、管理、资本的活力竞相迸发，让一切创造财富的源泉充分涌流，让发展成果更多更公平惠及全体人民。

我们的改革开放顺天时，得民心，促发展，保稳定。乾卦《文言》："与天地合其德，与日月合其明，与四时合其序……先天而天弗违，后天而奉天时。天且弗违，而况于人乎？……"

我们党的一系列重大改革扎实推进，各项便民、惠民、利民措施持续实施，改革开放成为当代中国最壮丽的气象。

三是要调动方方面面的积极性。《易经》革卦九三爻爻辞为"……革言三就，有孚"，就是说改革的措施方略，要多调查研究，广泛听取意见，再三讨论达成一致、形成共识。

习近平总书记指出："涉及人民利益的事情，要在人民内部商量好怎么办，不商量或者商量不够，要想把事情办成办好是很难的。"

人民政协是组织和承担协商任务的机构，我们要坚持把凝聚共识融入各项活动中，坚持有事多商量，遇事多商量，做事多商量，商量得越多越深入越好。

汪洋主席在全国政协十三届三次全会上指出："当前，改革发展稳定任务之重前所未有，矛盾风险挑战之多前所未有，多元思想文化交流交融交锋前所未有，加强思想政治引领、广泛凝聚共识尤为重要。要树立正确履职观，深刻认识建言资政是履职成果、凝聚共识也是履职成果，甚至是更重要的成果。"

有全国政协委员给我提出，能不能将研究《易经》和人民政协的职能结合起来讲。我觉得，《易经》革卦"革言三就，有孚"对我们改革有重要借鉴意义。广商量、多商量，凝聚共识，一是要加强政治思想引领。人心是最大的政治，共识是奋进的动力。二是要加快推进改革开放，推动经济发展和社会全面进步。三是要增加社会公信度。四是要正确处理一致性和多样性的关系，要求同存异。但包容不是纵容，要有底线。五是要解决实际问题，把做思想工作和解决实际问题结合起来。六是要加强精神文明建设，提倡奉献精神，助人为乐，宣传好人好事，赞美人间真情。

鼎 卦

鼎：元吉，亨。

初六，鼎颠趾，利出否。得妾以其子，无咎。

九二，鼎有实，我仇有疾，不我能即，吉。

九三，鼎耳革，其行塞，雉膏不食，方雨，亏悔，终吉。

九四，鼎折足，覆公餗，其形渥，凶。

六五，鼎黄耳金铉，利贞。

上九，鼎玉铉，大吉，无不利。

鼎卦是《序卦》中第五十卦。

鼎卦下巽上离（风下火上），卦辞为"元吉，亨"。举行祭祀，养圣贤，大吉而亨通。鼎卦巽卦在下为风，离卦在上为火，以木入火烹饪食物。鼎卦下卦为巽，谦和；上卦为离，聪明。爻象是臣下谦逊聪明，守正道，应和其君，因而上升，大吉亨通。鼎还是法，用以持正，以居其位。

鼎卦初六爻（倒数第一阴爻）爻辞为"鼎颠趾，利出否。得妾以其子，无咎"。鼎的脚颠倒朝上，鼎口向下，倒出鼎中坏物，喻清出朝中恶人，利于出否，除旧纳新，顺从尊贵。得妾因得子，以继为正室，无咎害。

鼎卦九二爻（倒数第二阳爻）爻辞为"鼎有实，我仇有疾，不我能即，吉"。实：食物。仇：配偶。鼎中有食物，我的配偶有病，虽然暂时不能与我同吃（暂不亲近有利于病痊愈），这是吉利的。

鼎卦九三爻（倒数第三阳爻）爻辞为"鼎耳革，其行塞，雉膏不食，方雨，亏悔，终吉"。塞：止。膏：鸡肉。亏：毁。这是古代故事：有人家用鼎煮鸡肉，由厨房移向餐室，鼎耳脱落坏了。天正下雨，雨水下落鼎中，美味亏了，有悔，但可以改烹，吉。

鼎卦九四爻（倒数第四阳爻）爻辞为"鼎折足，覆公𫗧，其形渥，凶"。𫗧：鼎中食物、汤。渥：沾濡弄脏。鼎足折断了，王公的美食被倒洒出来，鼎身也被沾濡弄脏，这样是有凶险的。此爻辞比喻人负重才力不胜任，有凶险。

鼎卦六五爻（倒数第五阴爻）爻辞为"鼎黄耳金铉，利贞"。黄耳：鼎耳饰黄色。铉：鼎杠。鼎有黄色的两耳，还配上金黄色铜为鼎杠，是很吉利的。鼎黄耳金铉，有此鼎者是富贵之家，有华贵之物，要守持正德，为吉利。

鼎卦上九爻（最上阳爻）爻辞为"鼎玉铉，大吉，无不利"。玉铉：鼎杠饰玉。鼎杠镶玉，更为华贵，鼎功大成，烹饪广养，大吉大利。

"革故鼎新"是大家耳熟能详的一句话。前面讲到，要使改革取得成功，一是要有正确的指导思想，二是要符合发展规律和方向，三是要调动方方面面的积极性。四是要促进经济社会进步。中国特色社会主义已经走进新时代。要深化改革开放，革故鼎新就是要解放和发展社会生产力，增强社会主义国家的综合国力，这是社会主义的本质要求和根本任务。只有牢牢扭住经济建设这个中心，毫不动摇坚持发展是硬道理。正如鼎卦上九爻所说："鼎玉铉，大吉，无不利。"鼎功大成，烹饪广养，大吉大利。

五是要保持社会和谐稳定。这里要特别提出的是，鼎还是法的象征，用以持正，以居其位，象征稳定，平稳，平安。加强法治建设，维护社会和谐稳定应注意以下几点。

1. 要加强人际交流，了解、理解各类人群，化解矛盾，不激化矛盾。社会治安要群防群治，防微杜渐保平安。

2. 加强精神文明建设，全面提高全民素质，要坚持依法治国和以德治国相结合，实现法治和德治相辅相成、相得益彰。

3. 依法办事，依法处理。各级干部要带头学习法律，了解法律、掌握法律、运用法律，不断提高法治思维，依法办事，做尊法学法守法用法的模范。

4. 严厉打击各种刑事犯罪活动，要依法严厉打击拐卖妇女儿童、制毒贩毒等伤天害理罪行。

5. 要传承创新中华优秀传统文化中的法治文化，从深化改革开放和全面建设社会主义现代化国家伟大实践中，积极探索适合自己的法治道路。

6. 加强各方面制度建设，促法律更加成熟更加定型！

六是要改革创新与时俱进。革故鼎新要研究思维方式和发展思路。思维是思想的维度，思路是发展的出路。

我在省委省政府工作期间，曾 14 次到经济薄弱地区某个县调研座谈、个别访谈，召开县、乡、村领导班子座谈会。多年跟踪调研，我感觉到这些地区的思维方式、行为方式、生活方式值得总结研究探讨。我请南师大心理学家余嘉元教授专题调研这些地区人们的思维方式和发展思路，并多次和余教授商量研究。我们总结出一些共性的特点：过去影响该地生产力发展的最大障碍仍然是思想不够解放，老百姓习惯于传统思维模式，满足于小富即安、故步自封，往往是有风险的不敢干，难度大的不愿干，无先例的不肯干。该地的体制机制不够活，一些领域由于缺少市场竞争机制，效率降低，成本上升，原本花小钱可以办好的事，最后花了大钱却往往还办不好。

解放思想、实事求是就是要动脑筋、换脑筋，克服封闭、保守、落后、不思进取的观念，纠正孤立、静止、片面看问题的做法。要坚持一切从实际出发，尊重和保护广大群众的首创精神；要从形式主义、官僚主义的行为中解放出来，全心全意为人民服务，多为群众办实事；要从安于现状、按部就班、安贫乐道的小天地中解放出来，抢抓机遇，勇于实践，不断开拓创新；要大胆起用能人，用人所长，善于调动人的积极性，团结奋斗，谋求发展。实践证明，思想解放的程度决定了改革开放的深度，改革创新的力度决定了经济发展的效益、速度。

可喜的是，随着改革开放深入发展，中国特色社会主义走进新时代。党中央和地方都非常重视改革创新，积极宣传改革创新，鼓励改革创新，革故鼎新，与时俱进，"敢教日月换新天"！

在改革创新、与时俱进的过程中难免会遇到一些思想障碍，为了进一步解放思想，转变思维模式，一是要进一步破除小进即满的观念，树立开放创新、抢抓机遇的意识；二是进一步破除唯条件论的观念，树立自力更生、自主创业的意识；三是破除患得患失的观念，树立敢闯敢试、敢为人先的意识；四是破除急于求成的观念，树立长期作战、甘为人梯的意识。

一个地方的改革和发展是一项涉及经济、政治和社会各层面的巨大而繁杂的问题解决过程。这是一个不断明确问题性质和问题目标状态，打破定式，综合适用各种创新思维方法和策略向目标靠近的渐近过程，绝非一蹴而就的事情。

1. 克服思维定式，为问题解决扫除障碍。人们倾向于使用已使用过的解决方法去解决类似的新问题，但思维定式阻碍了解决问题的新策略的产生。

2. 广度搜索和深度搜索相结合，寻求满意的问题解决方案。认知心理学把问题解决的过程看作是在问题空间中进行搜索的过程。广度搜索就是运用发散性思维进行搜索，发散性思维具有流畅性、变通性、独特性，它可以找出尽可能多的可选择的方法，对各种可能有效的方法都尽量考虑，其优点是鼓励问题解决者全方位考虑问题，不忽略每一种操作的可能性。深度搜索是选择某种方法，检验由此导致的结果，作为进一步操作的依据。

3. 转换问题表征方式，改变思路，打破旧框架，促进问题的顺利解决。信息加工理论认为，问题解决的关键是形成恰当的问题表征方式，确定问题的空间，包括问题提供了什么和要求什么。在问题解决中，过分依赖一种问题表征方式，往往会使问题解决陷入困境。如果转换一种表征问题的方式，或重新理解问题，可能会使问题的解决豁然明朗。

4. 运用类比思维方法，有效地解决改革的问题。类比思维，指将先前解决问题的成功经验应用到理解和解决新问题上的策略，是人们解决不熟悉问题时运用的主要策略。

我认为革故鼎新要有中国人常用的圆道思维。画圆的过程是用尺子量出圆规两脚之间的距离，作为半径，把带有针的一端固定在一个地方，作为圆心，然后把带有铅笔的一端旋转一周。我悟到：坚定圆心，初心不变，用脚走一圈便形成了圆。事情事业要取得圆满成功，心要有定力，还要有执行力、行动力。让我们奋发图强，为实现中华民族伟大复兴的中国梦贡献自己的一份力量！

既济卦

☲☵

既济：亨小，利贞；初吉终乱。

初九，曳其轮，濡其尾，无咎。

六二，妇丧其茀，勿逐，七日得。

九三，高宗伐鬼方，三年克之，小人勿用。

六四，繻有衣袽，终日戒。

九五，东邻杀牛，不如西邻之禴祭，实受其福。

上六，濡其首，厉。

既济卦是《序卦》中第六十三卦。

既济卦下离上坎（火下水上），卦辞为"亨小，利贞；初吉终乱"。既济卦上卦坎为水，下卦离为火，水在火上，水火既济，阴阳配合之象，象征事已成功。小亨，事情虽成，其成功尚小。上六爻阴柔，九五爻阳刚，是柔乘刚，象下欺凌上，是为乱，但上六爻为最终阶段，陷于穷困，"终乱"。

既济卦初九爻（倒数第一阳爻）爻辞为"曳其轮，濡其尾，无咎"。曳：拖引。濡：沾湿。拉引车的轮子使它不前行。小狐沾湿尾巴使之无法跑得快，这样平安济度，无咎害。

既济卦六二爻（倒数第二阴爻）爻辞为"妇丧其茀，勿逐，七日得"。

弗：头巾，车幔。逐：追寻。妇人丢失她的头巾，不用去找寻，七日内会失而复得。

既济卦九三爻（倒数第三阳爻）爻辞为"高宗伐鬼方，三年克之，小人勿用"。高宗：殷王武丁。鬼方：殷周时西北方部落之一。殷高宗讨伐鬼方，经过三年打败它，小人不适用此爻。

既济卦六四爻（倒数第四阴爻）爻辞为"繻有衣袽，终日戒"。繻：沾湿。袽：絮，先秦时无棉花，丝麻为絮。人冬天渡水，湿其衣絮，怕受害生病，故宜整天小心戒惕。

既济卦九五爻（倒数第五阳爻）爻辞为"东邻杀牛，不如西邻之禴祭，实受其福"。东邻：殷王朝。西邻：周王朝。东边殷朝杀牛祭祀，还不如西边周朝用饭菜举行薄祭。祭祀得福与否，不在于祭品厚薄，而在于祭者诚信之德。诚信方能受上天赐福，吉祥来临。

既济卦上六爻（最上阴爻）爻辞为"濡其首，厉"。厉：危险。小狐狸渡水，水湿了头，虽未淹死，却是很危险的，此喻事成功后不能被胜利冲昏头脑，否则其成果如何能保持长久呢？既济之极，其穷至于濡首。

《易传·序卦》曰："有过物者必济，故受之以既济。""济"是渡河，"既济"是成功之意。既济卦阳爻都在奇数位置，阴爻都在偶数位置，六爻皆得正，象征成功。

造物玄妙，阴阳错综复杂才能产生变化，生生不息。过于完美、过于优越，反而容易丧失奋发进取的生机和活力，不再有大的作为，只有小事"小利贞"，勉强还能亨通。凡事在成功后必须坚守正道，继续努力奋斗，才能有利，当成功来临，贪功贪禄，不思进取，往往物极必反，"成功也会成为失败的妈妈"。我有时在高速公路上看到高档豪华轿车超速、抢道，不按交通规则行驶，车主自以为车况好，开车就"不上道了"，其结果极易翻车、撞车，往往还造成恶果，车毁人亡，有时还伤害别人。我看到此状，尤为痛心。诸如此类的事令人警醒，发人深思：你以为你是谁呀？朝乾夕惕，成功者一定要谨慎啊！

既济卦六爻的判断都有警惕、谨慎的语气。天地间一切美满的事物也都隐藏着矛盾、危机，大功告成，仍应慎终如始，不可陶醉于成功而忘乎所以。《易经》一般以刚中为善，而既济以柔中为善，从而达到阴阳平衡，但随着时间的推移，又会出现新情况、新问题。"既济"只是人生的一个站点，而不是终点。既济卦水在火上，象征"事已成"，但要居安思危，思患而预防，因水火也有相灭的一面，水能救火，火大了也能把水烧干。我们观此卦象，在成功之时，要预加防备，以保"初吉"之亨而去其"终乱"之忧。

未济卦

未济：亨。小狐汔济，濡其尾，无攸利。

初六，濡其尾，吝。

九二，曳其轮，贞吉。

六三，未济，征凶，利涉大川。

九四，贞吉，悔亡；震用伐鬼方，三年有赏于大国。

六五，贞吉，无悔；君子之光，有孚，吉。

上九，有孚于饮酒，无咎；濡其首，有孚失是。

未济卦是《序卦》中第六十四卦。

未济卦卦辞为"亨，小狐汔济，濡其尾，无攸利"。亨：祭。汔：近乎、几乎。小狐无知，不会游泳而渡河，水深沾湿尾巴，无所利。未济卦离卦在上为火，坎卦在下为水，火在水上，火炎上，水润下，水火不相交，象征未成，喻人无任事德才，遇事蛮干，失其正道，则行不通。观此卦，要以谨慎态度，分清事物性质和势力，使其各居于适当方位。故《象》曰："火在水上，未济。君子以慎辨物居方。"

未济卦初六爻（倒数第一阴爻）爻辞为"濡其尾，吝"。濡：沾湿。此爻居未济卦之初，意为柔弱渡险。小狐渡水之时，被水沾湿了尾巴，冒险济度，有困难。

未济卦九二爻（倒数第二阳爻）爻辞为"曳其轮，贞吉"。曳：拖。阳为刚，以刚居中。拖着车轮，守中而不轻进，以免沾湿，结果必然吉祥。

未济卦六三爻（倒数第三阴爻）爻辞为"未济，征凶，利涉大川"。阴爻居阳位（第三爻为阳位），位不当，象征人所处地位和环境不适当。面临大河，不具备条件，未能渡过。

未济卦九四爻（倒数第四阳爻）爻辞为"贞吉，悔亡；震用伐鬼方，三年有赏于大国"。既济卦第三爻"高宗伐鬼方，三年克之"与此爻所记是同一事。此爻事吉，悔恨消除，殷高宗以阳刚雷霆之力讨伐鬼方，经过三年之久取得胜利，被封赏为大国诸侯。

未济卦六五爻（倒数第五阴爻）爻辞为"贞吉，无悔；君子之光，有孚，吉"。此爻事吉，可以无悔；君子的光荣是在战争中获得俘虏，君子言行诚信，他的结果是吉利的。

未济卦上九爻（最上阳爻）爻辞为"有孚于饮酒，无咎；濡其首，有孚失是"。孚：罚。请人来吃饭饮酒，或别人招饮，均按时而行，不失态，可以无咎。饮酒的人饮酒过量，醉后志乱，泼酒濡湿其首，不知道节制，失其正。

既济卦"初吉"，已过了河，未济卦没有过河，为什么未济卦放在《易经》六十四卦最后呢？这就是《易经》的玄妙高明之处。既济卦表示事物发展的一个周期结束。而未济卦则是表示下一个周期的开始。清朝大思想家龚自珍写了四句诗：

> 未济终焉心缥缈，
> 百事翻从缺陷好。
> 吟道夕阳山外山，
> 古今谁免余情绕。

下面我结合《易经》谈谈对龚自珍这四句诗的理解：

第一句："未济终焉心缥缈。"未济卦是《易经》全经最后一卦，卦序为第六十四，排在既济后面，在成功后面。他读了以后，心里感到茫然失落，虚无缥缈。

第二句："百事翻从缺陷好。"他理解凡事不要追求绝对完美，有了缺陷倒好，这就是大成又缺、大成若缺，"百事凡从缺陷好"。每逢新春佳节，我们都要祝福朋友亲人"万事如意"，其实不然，人生不可能"万事如意"，"不如意事常八九，可与语人无二三"。面对矛盾、艰难、曲折、挫折、坎坷、不幸，要正确面对，减压接受，积极化解，重新振作，走上平路。

为人处事不要过于比较、计较。什么事都在意，一样也不如意，要学会宽容、包容、笑容，厚德载物。"万事如意"能够做到"大事如意"就不错了！

第三句："吟道夕阳山外山。"唱歌唱到今天，有些老歌听了几十年，我已经进入"夕阳红"了，七八十岁了，是不是啊？这也是自然规律啊！老年人喜欢回忆过去，青年人喜欢展望未来。

第四句："古今谁免余情绕。"每个人一辈子总要留下一些遗憾，不可能把所有事都做完，不完美其实也是一种完美，这也是中国人的一种思维方式。月圆则亏，水盈则溢。前一个阶段的终点又是下一个阶段的开始，事物生成永远遵循这样的规律。

《易经》曰："周流六虚，变动不居。"我们所知的圆周也是一样的道理，圆周上任何一点既是起点也是终点，既是终点也是起点。

相对的事物可以相互转化，失败成功两相依，缺陷和完美也是相对的。既济可转化为未济，未济也可能转化为既济。

研读这两卦的感悟是要有忧患意识、敬畏之心，持中守正，自强不息。努力奋斗吧！

既济、未济两卦，都是由坎、离两经卦组合，水火组合。既济卦水在火上，未济卦火在水上，它们是一个对卦，是"复"和"变"的关系。

下面，对水火关系的理解和体会，我想讲七点。

1. 水火造化万物、化生万物。《易传·系辞上》曰："是故刚柔相摩，八卦相荡。鼓之以雷霆，润之以风雨。日月运行，一寒一暑。乾道成男，坤道成女。乾知大始，坤作成物。"

2. 水火无情。《易传·说卦》曰："天地定位，山泽通气，雷风相薄，水火不相射，八卦相错。数往者顺，知来者逆，是故《易》逆数也。"火能烧死人，多少人在火灾事故中丧生。还有人被海啸、洪水、江河之水淹死，水淹死太多的人。

水火无情人有情。不少英雄人物在抗洪救灾中，为了抢救别人生命，舍生忘死，以"生命担当使命"，光荣牺牲了。人们敬仰他们，深切怀念他们，他们永远活在人民心中。沉重的事实也在告诉我们，平时也要有预防意识，防火防灾，防患于未然。要加强对青少年安全知识的教育，要看护好幼儿，严防他们落水、溺水。每年暑假，都有一些学生溺水而亡的不幸事件发生，令人痛心悲伤。

3. 水火相生相克。既济卦含义包括水能救火，火大了，也能把水烧干。

4. 水火刚柔相济。《易传·系辞下》曰："阴阳合德而刚柔有体。""内阴而外阳，内柔而外刚"，刚柔相济。八卦是阴阳刚柔相济。阳卦多阴，阴卦多阳，所以阳以阴为用，阴以阳为用。如坎卦，表面上看居北方，又是二阴一阳，应该是阴卦，其实坎卦才是真正的阳卦，二阴一阳，刚中不屈，就像大河向东流，百折不回。坎卦要用阳用刚，离卦则要用柔。着火一定要有附着物，在某个物体上燃烧起来，火势是虚空的，用水救火，就是用柔，刚柔相济、阴阳平衡才是好的。

5. 中医中的水火相交，是指心肾相交，火在五行（金木水火土）中代表心，水代表肾，心肾相交，阳入阴，就健康，睡眠好。"未济"表示心肾不交，是某种病态。

6. 水火生成，水在前火在后，水是生命之源。我花了一天时间到中科院南京地理与湖泊研究所调研座谈，向专家请教，比如什么叫江、河、湖、海、洋、瀑、潭、湿地及湖泊的类型与成因，感觉真是进入了知识的海洋啊！无穷无尽啊！

7. 水火相比，水更厉害。水火都能伤害万物，但水比火更厉害。我在南京大学讲课时，讲到水更厉害时，一位老教授给我写信说他认为火更厉害。后来为了说服这位老教授，我讲了刚柔关系，以柔克刚。明朝洪应明《菜根谭》曰："舌存常见齿亡，刚强终不胜柔弱。"《道德经》中的名句"天下之至柔，驰骋天下之至坚"，还有我们常用的成语"滴水穿石"，都是以柔克刚、柔能克刚之意。我这里多讲几句：据《左传·昭公二十年》载，郑国大臣子产在临终时曾经嘱咐子大叔说："我执政的特点是宽松，其实宽比严难。"为什么？他解释说："你去看水与火，哪个柔哪个凶，火凶水温柔，但是你去看看，死于火的多，还是死于水的多？死于水的多。因为火很凶啊，大家都怕，水很温柔，谁怕它啊？结果跳下去淹死了。所以宽政比猛政难执行，你执行不了我的宽政，还是严一点好。"子大叔心太软，上台后执行不了严政，下面社会治安一塌糊涂，最后只好大批杀人。

《易经》这部书从乾坤开始，最后以既济、未济作结束，其实六十四卦全部是未济啊，因为宇宙要永远发展下去，没有停止。

变化是永恒的不变。否卦九五爻："其亡，其亡，系于苞桑。"孔子曰："危者，安其位者也。"什么叫危险？"安其位者也。"你今天的位置，今天的成就，自己觉得很满意、很得意，这才是要注意的。满意莫大意，得意不忘形。危险在不危险中，平安里头有危险。一个人的失败，有时往往就在他成功时种下了种子。

　　未济卦并不是要我们终日生活在不安害怕中，如果这样，日子便难过了。事实上，也用不着这样。它启示我们，人与天地万物相处要谨慎小心，要有敬畏之心，做人做事都要守底线，不踩红线，不碰高压线。我们常常祝福人"幸福康宁"，"康宁"就是身健且心灵安宁，梦稳心安！

　　在我谈既济、未济卦结束时，衷心地祝愿大家：

　　奋发自强，事业兴旺，心情舒畅，身心健康！

第二章

《易经》

十二辟卦运化

研读《易经》几十年，我对其中蕴含的智慧和哲理感悟良多，受益匪浅。现在谈《易经》十二辟卦。

十二辟卦的辟有开辟、开始的意思。

夏朝农历以一月为正月，商朝农历以十二月为正月，周朝农历以十一月为正月，汉代后恢复建寅（农历一月）。

周代农历十一月为正月，是子月（子鼠）。我就从农历十一月开始讲。

复 卦

十一月：子月（子鼠），复卦。

节气：大雪、冬至。

地球地心的阳能向外放射。我们从井水的情形看，夏天的井水是凉的，冬天的井水是温的。所以我们吃东西，冬天吃凉的、冷的没关系，因为胃肠阳能内敛；夏天阳能向外放射，肠胃内面是寒凉的，所以不能吃冷喝凉的。到了十一月复卦，一阳生，人体的内部也有一阳生发。入冬至进补，因为这时消化能力强，补品吃进去，营养容易吸收。阳能是个生长的东西，阳主生；阴是个收藏的东西，阴主藏。阳施阴藏。

临 卦

十二月：丑月（丑牛），临卦。

节气：小寒、大寒。

农历十二月称腊月。古代"腊、蜡、猎"为同一个字。举行冬祭这一天称"腊日"。南北朝时期定于腊月初八即十二月初八为"腊日"。阳能逐渐上升。

泰 卦

正月（一月）：寅月（寅虎），泰卦。

节气：立春、雨水。

泰卦是三个阳爻三个阴爻，上卦是坤卦，为地，下卦是乾卦，为天，天地泰。天地交感，阳气上升，阴气下降，地球阳能充满，天上北斗星斗柄向东，斗柄回寅，这是春天开始。万物复苏，三阳开泰。

大壮卦

二月：卯月（卯兔），大壮卦。

节气：惊蛰、春分。

惊蛰是二十四节气中第三个节气。惊蛰前有些动物冬眠于地下，不吃东西，称为"蛰"。春雷一声响，冬眠蛰伏的蛇虫青蛙吐出口中的泥巴，纷纷出洞。其实真正使冬眠动物苏醒出土的，并不是隆隆雷声，而是气温回升到一定程度，天气变暖，使它们惊而出走。"春雷响，万物长。"大地一派融融春光，桃花红，李花白，黄莺鸣叫，燕子飞来。惊蛰节气最显著的特点就是春雷，雨水增多，农家无闲，农谚"到了惊蛰节，锄头不停歇"。农作物种子种下地，一定要惊蛰一声春雷才开始发芽。

夬 卦

三月：辰月（辰龙），夬卦。

节气：清明、谷雨。

阳气上升到第五爻，最上爻是阴爻，天地间还剩一点阴气，这节气阳气充足，清明扫墓。"清明时节雨纷纷，路上行人欲断魂。借问酒家何处有，牧童遥指杏花村。"踏青郊游，到处充满生机，欣欣向荣。清明节按公历在公历 4 月 4 日—6 日，按农历在三月上半月，冬至后的第 106 天。清明风至，清爽明净。俗语说"清明前后，种瓜种豆"。清明要从古代寒食节说起，寒食节这天不生火做饭，吃冷食。寒食节的由来，最广泛的说法是为了纪念介子推。介子推，春秋时期晋国人，因"割股奉君"，"不言禄"，隐居绵山，"抱树而死"，深得世人怀念。死后葬于介休绵山。晋文公重耳深为愧疚，遂改绵山为介山，由此产生了"寒食节"。

乾　卦

四月：巳月（巳蛇），乾卦。

节气：立夏、小满。

阳气到了极点，物极必反，阳极阴生。四月份是很闷的，白天也最长，到止，称为六阳上半年。立夏时节，天地始交，万物并秀，春播的作物已经长大。立夏时节有了"斗蛋"习俗，蛋煮好后装在用彩线编的网兜里，孩子互相撞蛋，比谁的蛋壳硬，斗不破的最后一只为"蛋王"。民间说法"立夏胸挂蛋，小人疰夏难"。（疰：中医指发于夏令的季节性疾病，症状是微热食少，身倦肢软，渐见消瘦。方言，苦夏。）

四月，乾卦，纯阳。让我们的思维再发散一下吧，增强一点联想。讲到四月乾卦纯阳时，我就联想到吕纯阳，就是吕洞宾。吕洞宾〔八仙之一，八仙：韩湘子、蓝采和（有人也写作"蓝采禾"，即"禾苗"的"禾"）、何仙姑、张果老、吕洞宾、汉钟离、曹国舅、铁拐李〕不就是吕纯阳（乾）吗？《易经》真是博大精深，体悟可以联想到海阔天空，同时也是温故而知新！

历史上有三个著名的梦：

一、庄子的蝴蝶梦

《庄子·齐物论》："昔者庄周梦为胡蝶，栩栩然胡蝶也。自喻适志与！不知周也。俄然觉，则蘧蘧然周也。不知周之梦为胡蝶与？胡蝶之梦为周与？周与胡蝶则必有分矣。"

二、唐李公佐著的南柯梦

"南柯梦"语出唐李公佐著《南柯太守传》：东平人淳于棼在古槐树下醉倒，梦见自己做了大槐国驸马，任"南柯太守"二十年，与公主生五男二女，荣耀一时。后因两国交战吃了败仗，妻死家散，被遣回家，梦醒后才发现大槐国竟是蚁穴……

三、邯郸梦（也作黄粱梦）

邯郸梦讲的是穷困潦倒的书生卢生在邯郸一客店偶遇道士吕翁，吕翁送他枕头，这时店主开始做黄粱饭，卢生小睡，梦中自己中进士做宰相娶美妻，儿孙满堂，生活美满，梦醒后，店主的黄粱饭还没做好。

邯郸梦的主角就是吕纯阳（乾），他的老师是汉钟离。后来又有一位读书人落魄到邯郸，想起了这个故事，作了一首诗：

四十年来公与侯，
纵然是梦也风流。
我今落魄邯郸道，
要向先生借枕头。

他梦中也要过过富贵瘾！

乾龙真是神妙啊！四月是乾卦，乾卦六爻辞又代表农历十二个月。

农历十一月、十二月："潜龙勿用"，阳气潜藏。

农历正月、二月："见龙在田"，天下文明。

农历三月、四月："终日乾乾"，与时偕行。

农历五月、六月："或跃在渊"，以避热气。

农历七月、八月："飞龙在天"，乃维乎天德。

农历九月、十月："亢龙有悔"，物极必反。

十二辟卦坤卦，六个爻皆阴，代表阴极，阴极阳生，一阳来复，于是复卦初爻长出一个阳爻，到了夬卦长出五个阳爻，这叫阳长阴消，到了最上乾卦，六个爻都是阳爻，这叫阳极，阳盛已极，宇宙运动产生阴阳气化，产生万物，动则生阳，静则生阴。

姤　卦

五月：午月（午马），姤卦。

节气：芒种、夏至。

五月阴生，在纯阳中生于一阴，潮湿气从内部发生了，一年中阴气开始了，农村土墙的壁上发霉了，地下室的东西有的开始发霉了，湿气来了，阴气来了，人的身体保养也要注意了，不要吃过凉的东西，否则容易生病。

遁 卦

六月：未月（未羊），遁卦。

节气：小暑、大暑。

"小暑大暑，上蒸下煮。"一年中最热的季节来到了。暑就是炎热的意思，小暑小热，大暑大热。小暑后不久就进入了三伏天，所谓"冷在三九，热在三伏"，这是一年中最热的时节。体外很热，是身上的阳能向外放射，身体内部是寒的，人的消化能力差，不如冬天胃口好，夏至阳能向外放射，内部凉为阴。

否 卦

七月：申月（申猴），否卦。

节气：立秋、处暑。

天地否，上卦三个阳爻，下卦三个阴爻，上下不交感，阳气下不来，阴气上不去，闭塞。七月秋天到了，气候又开始了明显变化，秋高气爽，到了下半月，夏天全部结束，天气开始转凉，三秋（秋收、秋耕、秋种）开始。

观　卦

八月：酉月（酉鸡），观卦。

节气：白露、秋分。

八月阴爻已升，到了上卦，出现四个阴爻，天地间有一股肃杀之气，纷纷落叶，夜晚露水下来了。而八月十五月亮多么明亮，游人思乡之恋，月下合家团圆，一派丰收景象。

剥 卦

九月：戌月（戌犬），剥卦。

节气：寒露、霜降。

九月阴爻已升到出现了五个阴爻，天地间只有一丝阳气存在了，阳气已到尽头，马上要没阳气了，满地落叶，树枝上已光秃秃的。

不是秋风无情义，而是落叶无生机。这是自然规律。除了耐寒四季常青的树，如松柏外，人也要添加寒衣了。

坤　卦

十月：亥月（亥猪），坤卦。

节气：立冬、小雪。

十月坤卦，六爻皆阴，为纯阴之卦。天地间热能已吸收到地心，阴极阳生。十月中有小阳春，一两天刮东南风，诸葛亮借东风，就是知道《易经》气象的道理，十月立冬后有一两日一定刮东南风。诸葛亮借东风破曹操五十万大军。

下面再谈谈《易经》十二辟卦中的律吕。

律吕的发明在中国西北陕西、河南边界，有一种吕管，像竹又不是竹，长短粗细有标准，共有十二种，埋在地下，传说埋在天山阴谷，由于12种管子长短不一，深入地下长短也不同，上端齐平，管中充满芦灰，管口用竹内膜轻轻贴上。冬至一阳生，最长管子中的灰受地下阳气上升，灰喷出管外，同时发出"嗡"的声音，这叫黄钟之音。然后大吕、太簇、夹钟、姑洗、中吕属于六阳，下面蕤宾、林钟、夷则、南宫、无射、应钟属于六阴。

下面我谈谈研读十二辟卦的几点体会。

一年有 365 天，12 个月 12 个卦象，10 个天干 12 个地支，24 个节气 72 候。

（一）要记住十二辟卦，并逐步学会应用

记住十二辟卦，更要记住其中的内容，例如 24 个节气：

春雨惊春清谷天，

夏满芒夏暑相连。

秋处露秋寒霜降，

冬雪雪冬小大寒。

我自己是这样编排记忆二十四节气的，用 6 句话 24 个字：

春雨惊春

清谷立小

芒夏两暑

秋露秋寒

霜冬两雪

冬小大寒

了解了二十四节气，我们就会知变应变，懂得四季气象，农耕适时。

谷雨前后，种瓜种豆。

立春一近，天气转暖。

秋分一过，白天变短。

《黄帝内经·四气调神大论篇第二》曰：

春三月，此谓发陈，天地俱生，万物以荣。

夏三月，此谓蕃秀，天地气交，万物华实。

秋三月，此谓容平，天气以急，地气以明。

冬三月，此谓闭藏，水冰地坼，无扰乎阳。

懂得了这些道理，我们要努力"与天地合其德，与日月合其明，与四时合其序……先天而天弗违，后天而奉天时。"

精练精准的 24 个节气是中华民族实践的智慧，是优秀传统文化，它给了我们世世代代生存、生活、生命的启迪。

（二）尊重规律，顺天应人

1. 明天理

明天理：天理是自然、社会、思维的客观规律，要发现、了解、把握、顺应规律，按规律办事。

律：指某种客观、必然性的规律、定律，包含一定的因果关系。

率：指效率、比率、概率等数量关系。

明天理的"天"，就是要效法乾坤精神，天是乾，是刚健，是龙，是正，是道。道是形而上的存在，是无规定性的存在，是大全，是法则，是道法自然。

明天理就要尊重、顺应规律，我们要尊重历史规律、社会规律、自然规律等，推动经济社会发展和全面进步，为实现中华民族伟大复兴贡献我

165

们的力量!

顺天时:《易经》中曰:"后天而奉天时",就是"时中""顺时""适时""识时""待时",要善于抓住机遇求生存、谋发展、创事业。勿过勿不及,适中及时。

时中:有度的原则,适时的原则,正位的原则,平衡的原则,待时的原则。

观天象:《易经》中曰:"仰以观于天文,俯以察于地理,是故知幽明之故。"我们说的"自然之天"就是人类最早对天的直观认知。

应人:应者、应和、适应、感应。应人、感应是《易经》中最深广精微的论述,是义理中很突出的哲理。《易经·乾卦》中曰:"同声相应,同气相求。水流湿,火就燥,云从龙,风从虎,圣人作,而万物睹。本乎天者亲上,本乎地者亲下,则各从其类也。"这段话讲出万物各依其类相互感应、相互聚合的法则。上下感应、此感彼应,就必然有感动、感化而心感,至诚感应就会感化人心、理顺人心、顺应人心、凝聚人心,工作起来就会得心应手。

2. 天人合一

天人合一之"合"就是合于气。此气分为阴阳之气,万物负阴而抱阳,冲气以为和,阴阳二气和合交感,长养出宇宙时空、壮丽山河。天人合一在于天地人三才的和谐统一,在于天地的交泰,在于龙马的互融。龙马是纯阳之乾与纯阴之坤的结合体。

3. 自强不息

自助、人助、天助,幸福生活是奋斗出来的。天道无亲,常与善人。

(三)弘扬优秀传统文化,古为今用,推陈出新

我们要挖掘、传承、弘扬优秀传统文化在思想、经济、科技、人生等方面的价值。

(四)运用"三双手"的力量,推动经济社会全面发展

经济社会发展不仅取决于政府力量、市场能量，更受制于生态容量。这里要特别强调一下生态文明，这是五大文明之一。在经济社会快速发展中要特别重视环境保护：一是污染治理；二是生态建设；三是资源的合理开发和有效保护。环境保护要突出重点，综合整治建设。

1. 水环境保护和污染防治

2. 空气保护与治理

3. 土壤保护与治理

4. 垃圾分类处理

5. 绿化、生态修复

6. 生态文化建设

7. 进一步完善体制、机制、法制

在中华优秀传统文化中，尤其是诗歌的创作中，以人与自然为主题的名篇不胜枚举。在历代诗人的笔下，无论是"星垂平野阔，月涌大江流"的自然风光，还是"采菊东篱下，悠然见南山"的田园情趣，"日出江花红胜火，春来江水绿如蓝"的河山至爱，无不展现出"天地之间被润泽而大丰美"的景象。

习近平总书记提出"绿水青山就是金山银山"的理念，深刻精辟阐述了人与自然和谐共生的重大意义，登高望远，落地有声。我们要提高对生态文明建设重要性的认识，全社会共同行动，努力建设绿水长流、青山常在、空气常新的美丽家园。

（五）身心健康，工作、学习、生活快乐幸福

1. 精神因素，良好心态

身心健康这个"心"不能有贪心，要自强自立，奋发进取走正道，不贪不义之财，不要贪收美元，丢失了美好！听说，有一个死刑犯临刑前忏悔说："是铁哥们把我带进了铁牢笼，是黄金梦把我送上了黄泉路。"这是多么惨痛的教训！

人生一定要处理好伸手和放手的关系。我看过这样一个小故事：在非洲的热带丛林里，人们用一种奇特的方法捕捉猴子，在一个固定的小木盒里面，装上猴子爱吃的坚果，盒子上开一个小口，刚好够猴子的前爪伸进去，猴子一旦抓住坚果，爪子就抽不出来了。人们常用这种办法捉住猴子，因为猴子有一种习惯：不肯放弃已经到手的东西。因此人们总是嘲笑猴子的愚蠢，为什么不松开爪子放下坚果逃命呢？其实反思下人类自己，在这个问题上一些人比贪婪的猴子高明不到哪里去，古往今来，因只会伸手不肯放手而丢掉性命的人又何止万千？

恩怨、官帽、钞票等身外之物，无不如此，当放手时须放手，如果死抓住不放，只能自食其果。

2. 提倡简便简洁的生活方式

回归简单，执简驭繁，生活中许多事要做减法，减少烦心事、揪心事、操心事，减少负面情绪，如愤怒、嫉妒、苛刻、挑剔、计较、占有、索取、贪婪等等。发之于言，动之于色，负面情绪容易伤害别人和自己。

3. 要增加生活中的正能量

人随着年龄的增长，要减轻对物质的依赖，要用欣赏和回味的心态来生活，心要沉静一点，感受和体味生活，精神上、心理上要有童心、童真、童趣，精力上、气力上要减"当年勇"，在快速生活中，要学会"刹车"。火车进站，慢慢减速。

2019年中国老年学和老年医学学会发布《健康长寿专家共识》基本要点：

（1）健康长寿是生命长度和生命质量的本质反映和有机结合，是指生命延续在超过人类社会或区域人口存活时间平均水平或一般水平的过程中能够保持身体、精神、社会等方面处于良好水平的一种状态，也是指身体健康、心理健康、智力健康、道德健康、社会健康的综合体或整合体。

（2）健康长寿是多因素共同作用的结果。老年群体健康的影响因素非常复杂。采用多学科的多元和综合性的研究方法，有助于推动健康长寿的研究。

> 我看过许多许多
>
> 经历许多许多
>
> 想过许多许多
>
> 感悟许多许多
>
> 自强自立就是幸福！
>
> 身心健康就是幸福！
>
> 恬淡平安就是幸福！
>
> 家庭和谐就是幸福！
>
> 子女成人就是幸福！
>
> 笑容绽放就是幸福！
>
> 特别是老年人
>
> 自立自理自由就是幸福！
>
> 长寿要健康
>
> 长寿健康是享受
>
> 长寿不健康很难受
>
>
> 清晨出门看朝阳
>
> 傍晚丛林看夕阳
>
> 美好也是一种心境

4. 要有正确的生活目标

人要有理想，有憧憬，有美好追求，尤其是年轻人，要奋发进取，积极向上，树立正确的人生观、价值观，奋进追求自己的生活目标。生活之路是漫长的，最关紧要的就是在转折关头要走好的几步。

我就生活目标结合自己的思想实际、工作实际、生活实际谈点简要认识：近期现实一点，远期理想一点，过程调整一点，结果心静一点。

"近期现实一点"，我觉得就是要脚踏实地，"苦干""实干""会干"。犹如我们农耕，不辛勤耕耘不播种，哪来的收获？广种管理不好，还能薄收呢，不种一无所收。干有成功的希望，也有失败的可能；不干，一无所得。

关于"远期理想一点"，就是要把现实性和可能性结合起来，通过自身奋发努力，到达彼岸，"人生美好如歌，岁月春光相伴"。

关于"过程调整一点"，万事万物随时随地都在发展变化，发展不是叠加，而是过程的展开，我们要知变、应变、驭变，顺天应人，"天之佑之"，顺应客观规律，按客观规律办事，这样自助、人助、天助，自强自立的人大获所有。

关于"结果心静一点"，成功了也不要骄傲自满、欣喜若狂、得意忘形，失败了，也不要灰心丧气、破罐破摔、失意忘形。我们须知，有些车祸，往往都是在好路顺路和颠簸不平之路发生的。我再重复一句话，我想不是重复，是反复，反复想说的话：顺境节制，逆境图强。

5. 要有良好的人际关系

人要学会正确的交友、交流、交心，珍惜真诚的友谊，增进团结，打交道可以广泛。特别是在春秋季节，春暖花开，秋高气爽，可以组织一些野外、社区活动，大家增进交流，谈谈家长里短，关心时事，敞开心胸，"可口可乐"，"百事可乐"！

我和南怀瑾老人家交流时，他经常讲三句话：读万卷书，行万里路，交一万个朋友。前两句是董其昌讲的。南老说，根据他的经验，还要加一句：交一万个朋友。各行各业的朋友都要认识，这样才能够真正了解人生。我的理解，打交道，要广交朋友；深交，要选择。我跟南老说，"平易近人"，要加一个字——平易近好人。有时近了坏人，要把你拖下水啊！

要学会用包容、感恩、分享、欢喜、仁爱、诚信的心态对待人和事。

心狭是祸之根，心宽是福之门。

要学会吃苦吃亏，吃苦吃亏是人生一种良药。好人多从苦中来，天上不会掉馅饼的。无妄卦六二爻《象》曰："'不耕获'，未富也。"贪图享乐、贪得无厌，天上掉下的就不是馅饼了，掉下的是陷阱。不能做违纪违法的权钱权色交易。人要走正道啊！即便退休了，也要守底线。

6. 要有良好的生活习惯

十二个月，二十四个节气，五天一候，十五天一气，三十天一节，春夏秋冬，生老病死，我们如何顺应自然规律养生卫生、保养身体呢？

（1）平衡饮食。成都中医药大学马烈光教授告诉我，有位老教授跟他讲"养生四有"：心胸有量，动静有度，饮食有节，起居有常。

特别是吃饭，要调节饮食，合理安排。《易经》十二辟卦也可用于十二个时辰（一昼夜 24 个小时）。现在有些人，忙起来早餐不吃，午餐少吃，晚餐大吃，夜餐乱吃，这样容易使肠胃道失调，肠胃道得不到休息，吃出"几高"来，不生病才怪呢！我认为莫劝"多吃点"，劝君多尝一点，不要营养过度、消化不良，这是违反身心健康规律的。

（2）适当锻炼。要根据自己的年龄、身体状况进行锻炼。

身体锻炼要：适合季节，适合天气，适合时空，适合自己。

①适合季节。适合季节就是春夏秋冬各不同。

春季属木，要护肝。

夏季属火，要护好心血管。

秋季属金，要护肺。

冬季属水，要护肾。

中央戊己土，要护脾。

春夏养阳，秋冬护阴。

②适合天气。上面讲了适当锻炼要适合季节，还要适合天气。晴天多

出去，雨天行路要防滑倒、防摔跤、防凉雨淋身受冻。夏天高温炎热，室外要防中暑，室内要防"空调病"，特别是不能吃过冷过凉的东西。冬天是收藏的季节，要以静为主，学会养生。冬天万物封藏，要为来年积蓄能量。

③适合时空。春天特别要防风。江苏省国医大师徐景藩生前，我向他学习请教《黄帝内经》，他特别给我强调了"春天要防风"。风毒如砒，风吹可以使你眼斜嘴歪，感冒就是老百姓说的"伤风"，是风伤了你。徐老并教会我，下去调研时不要在空旷的地域田间迎着风讲话，这样会生病的。他虽是个别对我讲的，我也把这番话转告大家，作为身体保健参考。

④适合自己。运动要适量，各人不一样，如人饮水，冷暖自知。

（3）尽量少吃药，更不能乱吃营养品，一些老人被人忽悠受骗上当，买了一大堆保健品，"囤"放家中。夏季、雨季，阴气上升，物品受潮发霉，有的还舍不得丢弃。这还算什么补品啊？！

（4）要有好情绪。热爱生活，笑对人生，和善最妙，养生之道。

我把身心健康的好处总结了几句话：自己不受罪，家人不受累，节省医药费，有利全社会。

第三章

《易经》感悟

《易经》的变化观

关于《易经》的核心思想，东汉著名易学家郑玄依据《易纬·度》的观点作《易赞》及《易论》，概括为："易一名而含三义：易简，一也；变易，二也；不易，三也。"

我对简易、变易、不易的理解体悟：

（一）简易：《易经》是归纳法，将宇宙间的现象与人事归纳为极简单的必然之理。

（二）变易：《易经》所说明的宇宙事物是必变的，也就是说，天地之间万事万物没有不变的。但这个变是渐变的，因为一切突变的事情，实际上内部的变化由来已久。

（三）不易：在一切必变之中，有一种绝对不变的本体，这是形而上的道理，不论其名如何，所代表的是不变的本体。

唐代孔颖达对汉魏南北朝历代易学家关于"易"字所涵具之意蕴的种种不同理解和说法，进行了系统的总结。在肯定《易纬》及郑玄关于"易一名而含三义"的基础上，认为"易"虽然含有三义，但其三义之核心应终极于"变易"。因此，孔颖达在易学史上首次明确地告诫人们应当视"变易"为"易"之三义的第一要义。

《易经》告诉我们一个道理，就是变化的原则。宇宙间没有不变的事情，没有不变的人，没有不变的东西，而且天天在变，时时在变，处处在变，无一而不变，也不可能不变。

什么是变化呢？"变者化之渐，化者变之成"，事物产生新的状况，初见谓之变，变时新旧两体俱有；变尽旧体而有新体，谓之化。贯穿于整个《易经》的思想主线是一个"变"字。《易传》中就有这样一段总结和概括："《易》之为书也不远，为道也屡迁。变动不居，周流六虚。上下无常，刚柔相易，不可为典要，唯变所适。"变化是在时间的坐标系中展开的，从这个意义上说，变是时的体现方式，所谓"变通者，趋时也"。因此，要学会体察事物运动变化的走向，从而适时调整自己的行为，把握好变化的规律。变化往往是自下而上的，因此，我们就要把问题解决在基层；变化是从内而外的，我们就要学会把矛盾解决在内部；变化是积微成著的，我们就要把隐患消除在萌芽状态，从源头上化解矛盾和预防各种突发事件。相关部门要认真落实中共十九届四中全会的要求，完善正确处理新形势下人民内部矛盾有效机制，畅通和规范群众诉求表达、利益协调、权益保障通道，完善社会矛盾纠纷多元预防调处化解综合机制，努力将矛盾化解在基层。基层稳固，十分重要；基础不牢，地动山摇。

《易传》认为，《易经》最重要的特征是"尚变"。在《易传》中，对变化有着较为系统的论证。《易传·系辞上》说，"化而裁之谓之变，推而行之谓之通"，又说"化而裁之存乎变，推而行之存乎通"。这是以化来规定变，意为化到一定程度、一定阶段即成为变，从而将"变"与"化"做了初步的区分。由此而言，"化"即是渐化，"变"则是突变。"化"是"变"的基础，"变"是"化"的结果。发展变化无限都是过程的展开，不是叠加。相声大师侯宝林说过，"成功"怎么写，"成"是过程的程，一个人做事情，没有过程，怎么能成功呢？"功"就是工作要卖力气。我认为人生应该不断地学习、思考、体悟、实践、创新，遵循规律，革故鼎新。

变化指的是天地万物的产生或消失的过程，也指天地万物的运行不已，变化是天地万物遵循的普遍规律（法则）。《易传·系辞上》说："变化者，进退之象也。""进"指事物的产生，"退"指事物的消失。《易传·系辞上》又说："在天成象，在地成形，变化见矣。"《说卦》也说："山泽通气，然后能变化，既成万物也。"天成象，地成形，于是变化可见；山泽通气，然后能变化成万物，这里的变化指的都是事物在一定条件下从无到有的产生过程。《象·恒》说："四时变化而能久成。"这里的变化指的是四时运行往复循环不已。《易传》进而认为变化的原因在于阴阳之间的相摩相荡。圣人正是循天地变化之道而则之，"天地变化，圣人效之"（同上），"圣人有以见天下赜"，变化上涉天道，下及人事，是宇宙间的普遍法则。

我对《易经》变化观研究思考与实践的体悟是：1. 知变；2. 应变；3. 驭变；4. 随变。

随变不是随意乱变，而是顺应自然而变。例如，遇到突如其来的天灾人祸，对一些人不是万无一失，而是一失万无，对死者的家庭、亲人、朋友都是一次沉重打击。面对此重大不幸的发生变化，悲伤心情可以理解，但有些人和事产生的后果无法挽回，我们只能面对现实、接受事实，慢慢变"承受"为"接受"，减少心理压力和痛苦，在党和政府的关心、社会各方的帮助下，振作精神，重启生活的征程，点亮生命的希望。遇到重大天灾人祸，我们第一是抢救人，生命至上，第二救财产，第三救环境。变化确实有偶然性、必然性，我们要认识规律、顺应规律、把握规律、自然而然。

"驭变"，就是把握事物发展变化的趋势，审时度势，把握好度，让不好的事情在苗头阶段转识成智、转危为安，最大限度发挥自身的主观能动性，学会转化、转弯、转变，推动事物向好的方面发展。在转变的过程中，处理实际问题要留有余地，有空间才能转身，立于不败之地。

中共十八大以来，习近平总书记多次就传承和弘扬中华优秀传统文化发表重要讲话。在《习近平谈治国理政》第三卷中，他又指出，中华优秀传统文化是中华民族的文化根脉，其蕴含的思想观念、人文精神、道德规范，不仅是我们中国人思想和精神的内核，对解决人类问题也有重要价值。要把优秀传统文化的精神标识提炼出来、展示出来，把优秀传统文化中具有当代价值、世界意义的文化精髓提炼出来、展示出来。我们要认真学习，深刻领会，牢记在心，并为中华优秀传统文化的传承、弘扬、守正创新，作出积极努力。

研读《易经》等典籍，继承弘扬、创新传统文化，我们要了解、理解"传统"。北京中医药大学王琦院士说，传统不等于过去、古老、保持原样。应在开放、动态系统中，在时空延续变化中，不断变革而充满生机。

优秀传统文化、革命文化和社会主义先进文化都是对传统文化的扬弃、发展和创新。我参观了一些博物馆、展览馆、古建筑，也研读了一些经典，读过许多书，顿觉优秀的传统文化是"凝固的珍宝、流动的历史"。传统是未被规定的东西，永远在创作、创造、创新的过程中。经典名言警句永远有向现在未来解释时空的可能性或可能世界。传统是广大包容性的存在，"物相杂"，它有丰富的内容，多资多源，它们相互激荡，推陈出新。传统更需要不断叙说和深情呵护。

《易经》的阴阳观

（一）《易经》中阴阳之道基本内涵

1.阴阳是易学的核心范畴。《庄子·天下》曰：《易》以道阴阳。"阴阳的观念是古代先哲对于事物运动变化的一种高度抽象的具有本质意义的辩证认知。它的发生发展是中国思想史中的一个重要环节。在《易经》中阴阳的概念已经作为天地万物变化的根源而上升为最高的哲学范畴。其核心命题即所谓的"一阴一阳之谓道"。《易经·系辞》曰"一阴一阳之谓道"，"阴阳之义配日月"，"阴阳合德而刚柔有体"，"易有太极，是生两仪"。老子曰："道生一，一生二，二生三，三生万物。万物负阴而抱阳，冲气以为和。"周敦颐《太极图说》："无极而太极，太极动而生阳，动极而静，静而生阴，一动一静，互为其根，分阴分阳，两仪立焉。"这些就是说天地人万事万物的运动都是阴阳运动。阴阳运动是自然界的规律，深刻揭示了万事万物间对立统一的矛盾关系。"易有太极,是生两仪",《易经》以阴爻"－ －"代表阴,阳爻"—"代表阳,两仪是指太极阴阳交感和合。

阴阳两种符号是构成《易经》八卦与六十四卦三百八十四爻的基石。

2. 阴和阳这两个对立统一的方面,贯穿于一切事物之中。一阴一阳之道是关于事物运动变化基本规律的一个精辟概括和总结。它是易道整体观念和变易法则的集中体现。按照这一思想,自然和社会是一个统一的整体,阴阳的对立统一是世界的普遍规律。阴阳观念认为,世界上一切有形无形事物都有普遍联系,处在无休止的运动之中,而一切事物的发展变化都正是在阴阳的相互作用下发生的,如天地、日月、水火、明暗、寒暑、昼夜、动静、内外、男女、少长、贫富、贵贱、生死等无不是相互联系而又互相矛盾的事物和现象,这两个方面皆可分阴阳。

所有相互对立的事物尽管千差万别,但是矛盾的双方在属性上总表现出两类特定的相反趋向,如:

阳(类)	阴(类)
明亮	黑暗
活动	沉静
兴奋	抑制
向上	向下
进取	退守
刚强	柔弱
温热	寒凉
扩散	凝聚
开放	闭合

阴阳是从具体事物或现象中抽象出来用以表示事物属性的范畴，并不代表某种具体事物。阴阳从自然现象到社会生活无所不在，恩格斯说："辩证法根据我们过去的自然科学实验的结果，证明了：……这两极的分离和对立，只存在于它们的相互依存和相互联系之中，反过来说，它们的相互联系，只存在于它们的相互分离之中，它们的相互依存，只存在于它们的对立之中。"

（二）《易经》中的阴阳之道基本内容和相互关系

一是阴阳互根，指一切相互对立着的事物或现象具有了相互依存、互为根本的关系。万物负阴而抱阳，孤阴不生，孤阳不长。阴和阳任何一方都不能脱离另一方而独立存在，每一方都以相对立的另一方存在作为自身存在的前提和条件。

二是阴阳交感，指阴阳二气在运动中互相感应而交合的过程。《易传·象》曰："咸，感也，柔上而刚下，二气感应以相与。"又说："天地感而万物化生。"指出阴阳交感是万物化生的根本条件。阴阳二气在运动中交合感应，从而产生新的事物和新的个体。

三是阴阳对立或对待，指阴阳相反相成，互相制约，如天与地、动与静、水与火、明与暗、寒与热等。阴阳对立制约的结果是事物存在于一个统一体中。

四是阴阳平衡，指阴阳在消长变化中取得动态平衡。阴阳消长有几种类型：

1. 此长彼消，即阴长阳消、阳长阴消。

2. 此消彼长，即阴消阳长、阳消阴长。

3. 此长彼长，即阴长阳长、阳长阴长。

4. 此消彼消，即阴消阳消、阳消阴消。

五是阴阳相济（刚柔相济）。《易传·系辞下》曰："阴阳合德而刚柔有体"，"内阴而外阳，内柔而外刚"，刚柔相济。

八卦的刚柔：

乾卦：天、阳、刚

兑卦：泽、湿、柔

离卦：火、阳、刚

震卦：雷、刚、刚

巽卦：风、燥、刚

坎卦：水、阴、柔

艮卦：山、柔、柔

坤卦：地、阴、柔

八卦是阴阳刚柔相济。这里还要讲一点：阳卦多阴，阴卦多阳，所以阳以阴为用，阴以阳为用。如坎卦，表面上看居北方，又是二阴一阳，应该是阴卦，其实坎卦才是真正的阳卦，坎卦二阴一阳，刚中不屈，要用阳用刚。

六是阴阳互推（转化），是指一事物的总体在一定条件下，可以向其相反的方向转化，即属阳的事物可以转化为属阴的事物，属阴的事物可以转化为属阳的事物。互相转化是阴阳互动的又一基本形式，双方消长运动发展到一定阶段，事物内部阴与阳之间的比例产生了颠倒，说明事物的属性即将发生转化，这是消长的结果。一般阴阳转化都产生于事物发展变化的"物极"阶段，即所谓"物极必反"，这也是在量变基础上的质变。

（三）阴阳之道与和谐社会

和谐社会是经济建设、政治建设、文化建设、社会建设、生态文明建设协调发展的社会，是人与人、人与社会、人与自然整体和谐的社会，也包括人自身的身心和谐。这与《易经》的阴阳之道所强调的"阴阳互根""阴阳对立或对待""阴阳交感""阴阳平衡""阴阳相济（刚柔相济）""阴阳互推（转化）"观点是相通的，可以从中得到启迪。

1.遵循阴阳之道，促进人与人的和谐。人与人的和谐，是指人与人之间相互尊重、团结友爱、彼此信任、互助合作，社会内部关系融洽协调，无根本利益冲突，全体人民各尽所能、各得其所而又和谐相处。任何社会都不可能没有矛盾，人类社会总是在矛盾运动中发展进步的。和谐社会，人人共享；社会和谐，人人有责。要注重和谐文化建设，倡导和谐理念，培育和谐精神，引导人与人之间增进理解、尊重差异、包容多样，从而和睦共处。

人自身的"身心和谐"，是指个人身心协调发展，包括生理健康、心理健康。生理健康，是指人躯体的各器官、组织、细胞等各个部分相互协调联系，功能正常运转。关于心理健康的定义，我专门请教了中国科学院心理研究所所长傅小兰教授，她介绍说，心理健康有两个表述，略有差异，均可使用：

（1）心理健康是人在成长和发展过程中，认知合理、情绪稳定、行为适当、人际和谐、适应变化的一种完好状态。

（2）心理健康是指个体内部心理过程和谐一致，与外部环境适应良好的稳定的心理状态。具体来说，认知功能正常、情绪积极稳定、自我评价确当、人际交往和谐、环境适应良好是心理健康的标志，也是心理健康包括的五个评估维度。

人自身各方面达到和谐，也就是要实现人的自由全面发展，包括人的身体与精神、能力与品德、言论与行为等方面和谐发展。每个人自身和谐是全社会和谐发展的个体人格保证。要建立科学、文明、健康的生活方式，合理膳食，均衡营养，适量运动，注意预防；注意心理健康，保持心态平衡，使自己的精神追求、需要层次、思维方式、个性特点和行为方式等方面和社会评价相协调。

《易经》的阴阳平衡观对中医理论产生了深刻影响和重大作用。

我对传统文化中关于"身心和谐"理念和方法的个人之见：养生，保养身心，防病治未病。卫生，保卫生命，中西医结合。摄生，精气神内敛，秋收冬藏，把好风景尽收眼底，松静自然，愉悦身心。

身心健康意义重大，在二十五年前，我在江苏省老龄委工作会议上，就"身心健康、长寿健康的意义"，随兴说了几句话：

> 个人不受罪，
> 家庭不受累。
> 节省医药费，
> 有利全社会。

2.遵循阴阳之道，促进人与社会的和谐。人与社会的和谐，是指人与社会组织、社会制度之间的相互作用、相互制约、相互促进，人以社会为自己的"集体家园"，而社会则作为家园保护、保证人们安定、祥和、温馨的生活。国家、集体、个人等方面权益关系协调，整个社会安定有序，平稳运行，充满活力，人们心平气和，安居乐业。人，要有归属感、安全感。只有在团结和谐的社会环境中，人们才能心情舒畅，生活愉快，创造活力迸发，才能使社会矛盾减少到最低限度，促进社会公平正义，从而有力地保障社会的和谐发展。

习近平总书记十分重视社会和谐稳定，他在《习近平谈治国理政》第三卷中指出，要抓住人民最关心最直接最现实的利益问题，扭住突出民生难题，一件事情接着一件事情办，一年接着一年干，争取早见成效，让人民群众有更多的获得感、幸福感、安全感。我们要认真学习，深刻理解，切实抓好落实。

根据我的调查研究发现，当今的老百姓有"五盼"：

一盼生活富裕；

二盼社会稳定；

三盼子女成才；

四盼身体健康；

五盼人间真情。

我们要根据老百姓的所需所求，为他们解难事、办好事、做实事。

3.遵循阴阳之道，促进人与自然的和谐。人与自然的和谐，是指人与所处自然环境和谐共生，人类在维护人类利益、开发利用自然的同时，要注意尊重自然、顺应自然、保护自然，确保人类和自然生态系统协调发展。习近平总书记多次反复强调生态保护与经济发展的关系，他在安徽考察时指出，生态环境保护与经济发展不是矛盾对立的关系，而是辩证统一的关系。把生态保护好，把生态优势发挥出来，才能实现高质量发展。总书记的讲话深刻揭示了矛盾的辩证统一关系，高瞻远瞩，落地有声。我们要用脑用心用行，加深体悟践行。当前，生态文明要抓好生态建设、污染防治、资源的合理开发和有效高效利用，突出重点，综合治理，重点是水（生命之源）、大气（同呼吸共命运）、土壤（万物长养之载）的污染防治与保护。中国古代的"天人合一""道法自然""仁民爱物"等思想，都是人与自然必须和谐发展的理念。人与自然之间的和谐，内容十分丰富，在实现经济增长的同时，要全面推动绿色发展，切实加强资源保护和可持续利用、生物多样性保护，给自然生态留下休养生息的时间和空间。随着时代的进步、经济社会的不断发展，人们对环境保护的认识也在不断提高，从"求温饱到求环保""求生存到求生态"。当今中国特色社会主义已走进新时代，更要进一步加深对习近平总书记关于生态保护一系列重要讲话精神的认识，站在时代的高度，更深刻地体悟"绿水青山就是金山银山"。

阴阳来自太极图，这是古人通过观察各种自然界的动态变化，自然形成的一个模式。古人按照一年二十四个节气测量某一年中太阳影子的变化，把这些数据联起来就形成了太极图。《山海经》写夸父逐日"欲追日景"（"景"通"影"），他"北饮大泽"找的是北方。有人说他是第一个在时间上找到冬至点的人。夸父是专门研究太阳影子的专家。

太极生两仪（—，阳爻；– –，阴爻）。仪是一种象态，不是指物质，若阴阳生物质，那就成了"太极生两物"了，从《太极图》看出由衰到盛的象态叫"阳"，由盛到衰的象态叫"阴"。一年中上半年阳（—，阳爻），下半年阴（– –，阴爻）。白天黑夜也是同一个世界的不同时态，白天是阳（—，阳爻），黑夜是阴（– –，阴爻）。

阴阳对立或对待实际上也是矛盾关系。"对立统一规律是辩证法的核心"，而矛盾是对立统一规律最典型的表述。《易经》是对矛盾问题深刻的揭示。

阴阳是高度抽象的哲理化的概念，又在《易经》的特殊形态中、文本形态中得到最充分的符号化。古人早就认为，宇宙间有两大势力，两个相对的力量。世界上的事情都是一阴一阳在变动，得到好处时，就要失去一点东西。利害得失，既是短期现象，又是长期结果。

物极必反的思想

在《易经》中，阴阳的两种基本要素之间的相互作用推动着事物的发展变化，而事物的发展变化又具有不同的阶段，当发展到一定程度，"过度""过极""过头""过失"就会走向它的反面，这就是物极必反的道理。这一思想在《易经》中有着丰富的展示。第一卦乾卦第一爻从下往上到二、三、四、五、六爻（最后一个爻不叫六，叫上爻，如果最上爻是阴爻，叫上六爻，最上爻是阳爻，叫上九爻）象征着六爻中间发展变化的六个层次，六个变化发展的不同阶段。一旦到达最上极位，就要向对立面转化。如否卦上九爻爻辞"先否后泰"，否是不吉，由否到泰，是由不吉转化为吉，这就是成语"否极泰来"的出处。如乾卦，以龙为例，因为龙是中华民族的图腾，是民族的象征。龙的变化由"潜龙"而"见龙"，再"终日乾乾"（惕龙），"或跃在渊"（跃龙），甚至"飞龙在天"（飞龙），完成了事物由萌芽、成长而成熟的全部历程，乾卦爻中第五个层次是吉的，九五至尊是最好的结果，但到了顶，由此再发展下去就到了上九爻"亢龙有悔"的极地，走向了自己的反面，物极必反。

泰卦九三爻"无平不陂，无往不复"，指出没有任何平路，都是有坑坑坎坎的，事物是循环的，没有一去不返的，这都是物极必反的原则。

这个观点在春秋时期广泛传播且为人们接受。所以说人要有忧患意识，就是在平安的时候要考虑到不平安，顺利的时候要考虑到不顺利，处在逆境的时候不要悲观失望。前面有黑影，后面就有亮光；前面有阳光，后面就有影子。泰极否来，否极泰来。人要：顺境节制，逆境图强。

古代讲吉凶祸福、物极必反，有循环论的意思，今天我们是进化论，循环往复，螺旋上升，走的是否定之否定的循环，发展不是简单叠加，而是过程的展开。这是跟从前不同的地方，但是基本原理是古人研发的。

现在来谈谈物极必反的思想。

（一）乾卦

乾卦上九爻爻辞为"亢龙有悔"，《象》曰："亢龙有悔，盈不可久也。"《文言》曰："上九曰：'亢龙有悔'何谓也？子曰：贵而无位，高而无民，贤人在下位而无辅，是以动而有悔也。"亢龙有悔，与时偕极。"亢"之为言也，知进而不知退，知存而不知亡，知得而不知丧，其唯圣人乎！知进退存亡而不失其正者，其唯圣人乎！

（二）坤卦

坤卦上六爻爻辞为"龙战于野，其血玄黄"。"玄黄"指青色，此时坤卦纯阴要转化为阳，阳爻来了，新生事物出现了，这是新生的痛苦，也是新生的希望。母亲生孩子，阵痛交加，孩子顺利出生，呱呱第一声啼哭，给全家人带来了喜悦。有人说，孩子的生日也是"母难日"。我们是怎么出生的，根据是什么，我个人认为：父亲是根，母亲是据。

我们不能忘恩，要孝敬父母。百善孝为先。

（三）否卦

否卦上九爻爻辞为"倾否，先否后喜"。《象》曰："否终则倾，何可长也。"顷刻间否运已届终，先否而后喜，否极泰来。倾否，不是否倾，要发挥主观能动性，创造转化的条件，促进事物向好的方面变化转化，物极必反。

（四）明夷卦

明夷卦上六爻爻辞为"不明晦，初登于天，后入于地"。此爻处明夷卦之极（最上阴爻），由光明转入黑暗，日初升于天上，而最终坠于地下，这爻指纣王失其法度，丧失天道，最初时做了天子，不能守位，最终自伤而坠于地下，物极必反。

物极必反是一般规律。一个人做错了事或犯了错误，经组织和同志帮助提醒，还未踩破底线，自己醒悟，这是好事。"极"是事物发生变化转化突变的临界点。过了要返回，有些事情则是不可能的，因为事物已发生了质的变化，有些人走上违法犯罪道路，一失足成千古恨。

人在特别顺利的时候一定要谨慎，有作为莫乱为，有大为莫胡为。大喜之时，人如把握不住自己，骄傲自满不知道自己是谁，便会产生癫狂，甚至走上邪路。也有一些人遇到不顺利的时候产生悲伤，破罐子破扔，不珍惜人生，也会产生恶果。车子往往行驶在最顺利或最坑洼的路上时容易出车祸，这也给我们一点哲学启示，人生的启示。人在顺利时不能得意忘形，失意时也不能失意忘形，任何时候都要守底线，底线是生存线、平安线、幸福线。不能妄语妄行，做好事可以使别人不知道，做坏事别人不知道也不要做，一定要清醒，不仅清醒还要坚定。

（五）夬卦

夬卦上六爻爻辞为"无号，终有凶"。《象》曰："'无号'之'凶'，终不可长也。"上六爻居夬卦之终（最上阴爻），为阴谋小人据上位将被九五阳刚决除。此时小人痛哭也无用，最终难逃凶险，物极必反。

（六）艮卦

艮卦上九爻爻辞为"敦艮，吉"。《象》曰："'敦艮'之'吉'，以厚终也。"敦艮：多方面注意。以敦厚之德止住邪妄，人处事待人要多所顾忌，不能顾此失彼、顾前忘后，要厚德载物，这样必获吉祥。物极必反。

（七）丰卦

丰卦上六爻爻辞为"丰其屋，蔀其家，窥其户，阒其无人，三岁不觌，凶"。阒：寂静。觌：见。《周易本义》："以阴柔居丰极，处动终，明极而反暗者也。"扩大自家的屋，用席棚遮盖屋室，别人从门缝里看他家，寂静无人，三年都未见人进出，是遭大祸之凶，物极必反。

（八）中孚卦

中孚卦上九爻爻辞为"翰音登于天，贞凶"。《象》曰："'翰音登于天'，何可长也？"《周易本义》："居信之极而不知变，虽得其贞，亦凶道也。"翰：鸡高飞。鸡无高飞翅膀，就在地上跑呗，高飞必将摔死，比喻无德无才无条件占据高位，必将败事，则凶险，物极必反。

（九）小过卦

小过卦上六爻爻辞为"弗遇过之，飞鸟离之，凶，是谓灾眚"。《象》曰："'弗遇过之'，已亢也。"眚：疾苦。下不遇合别人，还要超过他人，又过之过甚，飞鸟强飞远离，仍遭射杀，有凶险，这就叫灾祸，物极必反。

（十）既济卦

既济卦上六爻爻辞为"濡其首，厉"。《象》曰："'濡其首，厉'，何可久也？"厉：危险。小狐狸渡水，水湿了头，虽未淹死，却是很危险的，比喻事情成功后，不能被胜利冲昏头脑，其成果何能保持长久呢？既济之极，其穷至于濡首，物极必反。

（十一）未济卦

未济卦上九爻爻辞为"有孚于饮酒，无咎；濡其首，有孚失是"。《象》曰："'饮酒'濡首，亦不知节也。"孚：罚。请人来吃饭饮酒，或别人招饮，均按时而行，不失态，可以无咎。饮酒的人过量饮，醉后志乱，泼酒濡湿其首，不知道节制，昏昏然失其正，物极必反。

上面阐述了《易经》六十四卦中十一卦卦爻辞当中物极必反的思想。下面我们要深思如何做到居安思危、否极泰来。

（一）要有敬畏之心

多年前我去河南省安阳市羑里镇囚禁周文王的地方，研究了解了一些殷墟文化，其中甲骨文中就有"敬畏"二字。人一定要有敬畏之心。

一是敬畏天。

二是敬畏法律。

三是敬畏人民。

四是敬畏圣贤之言。

五是敬畏权力。

首先讲敬畏天。天在现存最早的文献《诗经》《尚书》中出现过，冯友兰老先生在《中国哲学史》中总结了"天"的五种含义：物质之天、主宰之天、命运之天、自然之天、义理之天。我体悟到：

1. 物质之天，即自然界的天。

2. 主宰之天，主要指神灵，头上三尺有神灵。

3. 命运之天，"命"是一个人一生的遭遇，"运"是某个阶段的遭遇。

天长地久　天伦之乐

天无绝人之路　我的天哪

4. 自然之天，指人最早对天的直观认知。

天崩地裂　天翻地覆

天府之国　天各一方

天昏地暗　天经地纬

天凝地闭　天壤之别

天上人间　天有不测风云

5. 义理之天，指价值原点。

天理昭昭　天地良心

苍天有眼　天道酬勤

天道无亲　常与善人

天道好还　天地不容

天经地义　天下归心

"天"是形而上的，是自然规律，我们应该对"天"存敬畏之心，顺天应人，遵循规律，按规律办事，国泰民安。

历代皇帝都称为"天子"，他认为自己是"天的儿子"，他也不敢说自己是天的爸爸！

下面谈敬畏法律。习近平总书记指出："法律是什么？最形象的说法就是准绳。用法律的准绳去衡量、规范、引导社会生活，这就是法治。"我们一定要按照总书记的要求，学法用法守法，敬畏法律。守法是公民的底线，领导干部更应该带头遵纪守法，依法办事，树立模范形象。违法者必须依法处理，法律面前人人平等。

法律和宣传有区别，宣传主要是思想教育。理论指导舆论，舆论宣传理论。要坚持正面宣传为主，通过舆论宣传，统一思想，形成共识，共同为实现中华民族伟大复兴而团结奋斗！

法治建设要和道德建设结合起来。法律是成文的道德，道德是内心的法律。我们平时讲的伦理道德，伦理指人与人的关系，道德是内心的自觉，伦理是道德的外化，道德要靠良心和舆论来维系。有些犯罪分子，原先什么也不缺，就是缺德，结果违法犯罪走进了铁牢笼。

抓普法教育，要从青少年抓起。我连续 22 年带领省里有关部门和社会各界人士多次到镇江句容教管所开展对失足少年的帮教活动。每年中秋节都和上千名失足孩子共度中秋，内容是：一场报告会、一场文艺节目，给每个失足孩子发一块月饼。每次活动大家心情都很沉重，泪流满面，从心底呼唤："要预防青少年犯罪，教育失足孩子，认真接受改造，认罪服法，重新做人！"我还为失足少年写了一首小诗：

妈妈啊 对不起

妈妈拉住我的手
我没有抓紧
孩儿滑入了泥沟
您泪水满面流
伤心已透

离开妈妈后
梦时被您怀中搂
亲吻不够

要啥只管有

一任纵我求

妈妈我在教管所

亲人社会帮教我

教育感化挽救

有了好盼头

新做人正道走

妈妈等在家门口

望穿几度秋

心欲碎 白了头

妈妈我真的真的对不起

真的真的好后悔

浪子已回头

报答您到永久

（原载《人民政协报》2019 年 8 月 10 日第 7 版）

下面谈谈敬畏人民。历史唯物主义告诉我们，人民是历史的创造者，是真正的英雄。在《习近平谈治国理政》第三卷中，习总书记指出，我们党来自人民，为人民而生，因人民而兴，必须始终与人民心心相印、与人民同甘共苦、与人民团结奋斗。从烽火连天的战争年代到今天中国特色社会主义新时代，中国共产党领导广大人民浴血奋斗、艰苦奋斗、团结奋斗，经过开天辟地的伟大实践，改革开放的创造创新，使我们伟大祖国站起来、富起来、强起来。我们任何时候都不能离开人民、脱离群众。

脱离群众就成了无本之木、无源之水，就会走向反面。群众就是大地，离开大地，根枝叶都会枯萎死亡。星云大师对我说过一首爱护大地的诗：

> 走路，不敢放重脚步，怕踩痛了大地；
>
> 物品，不敢随意乱丢，怕污染了大地；
>
> 说话，不敢大声吵嚷，怕吵醒了大地。

人民群众就是大地，我们要尊重群众、相信群众、爱护群众、关心群众，为群众谋利益。水能载舟，水亦能覆舟。古今中外的历史教训屡见不鲜。得众则得国，失众则失国。脱贫攻坚是一个伟大的战略举措，就是要关心贫困人口，温暖人心，保证社会和谐稳定、国家长治久安！

敬畏权力。权力是党和人民赋予的，公权力姓公，也必须为公，是要用来为广大人民谋利益的。而有些人是两面人生，台上和台下说的不一样，言和行不一样，当面和背后干的不一样，在上级领导面前和群众面前不一样，忘乎所以，滥用权力，以权谋私，为所欲为，搞权钱交易、权色交易，口号表态讲话"正人君子"，动作行为暗处"男盗女娼"，走上违法犯罪的道路。

权力一定要进行制约。要进一步加强权力制约、监督体制机制的完善，加大法治力度，督促公正廉洁依法用权。

我们党选拔好干部的标准非常明确、正确。要选那些在各种复杂环境里经得起考验、摔打、磨炼，勇于担当，为政清廉，德才兼备，广大人民信得过的人。要加大对干部全面多渠道多方位的考察考核力度和对权力的制约力度，一定要把权力关在制度的笼子里。同时，在笼子里还不能让他睡觉，干部要勤政廉政为民。《易经》第七卦师卦上六爻爻辞为"大君有命，开国承家，小人勿用"。《象》曰："'大君有命'，以正功也；'小人勿用'，必乱邦也。"以史为鉴,发人深省。

(二)要有忧患意识

《易经》三百八十四爻中判断吉凶祸福都有提醒人们警惕过失,朝乾夕惕,修正错误,居安思危,有备无患。《易经》三百八十四爻中,寓意吉祥的爻辞有 121 个,占 30% 多一点;明示凶险的爻辞有 47 个,占 12%;其余216 个爻辞,是不吉不凶的常态,占 56% 多一点。

危:会意字,人在高处而恐惧。"厃"为高,"㔾"为一个曲着身子跪坐的人形,人于不平稳的高处而心生恐惧。最上面还有一把刀"夕",刀是切、割、砍、削、剁的利器。人处厄运当中抬不起头,挺不直身,雪上加霜,头上还立着一把刀。

诸葛亮《前出师表》中有"危急存亡之秋",指当时蜀国局势危险,到了生死存亡的关头。有很多关于危的成语,如"生命垂危""危若朝露""危言耸听"等。

危还有正直的意思。《论语·宪问》:"邦有道,危言危行;邦无道,危行言逊。"危言正色即意为刚直的言论和严正的态度。

《左传》:"居安思危,思则有备,备则无患。"各种天灾人祸等一系列危机的发生,使忧患意识成为中国人的一种心理定式及处事方法。

孟子在战国中期就提出"生于忧患,死于安乐"。忧患意识是一个磨炼自我、修养自我的过程。

忧患意识是中国人内心深藏的一种意识,它植根于人本身,实际蕴藏着一种坚强意志和奋发精神。

(三)要促进和谐

忧患意识不是过度焦虑、紧张、怀疑、烦恼、忧愁,杞人无事忧天倾,这样会不利于身心和谐。

在这里我特别要强调家庭和谐的重要性。我所接触的一些家长中，对待孩子有几种状况：一是对孩子过分溺爱，孩子的事情一切包办、包办一切，使孩子独立生活的能力减弱，不会做事。孩子以自我为中心，从小就缺乏团结友爱精神的培养。二是对孩子期望值过高，把自己成长中达不到的目标、实现不了的东西过多地承压在孩子身上，有的家庭条件很好，却把孩子变成了"富裕家庭痛苦的孩子"，甚至于弄得家庭不和。也有的家长自己就身影不正，在孩子面前没有好形象，在家吵吵闹闹，在外处理不好邻里关系、人际关系，导致孩子从小就缺少爱心。还有少数家长赌博酗酒，不遵纪守法，把孩子也引上了邪路，如此种种。

为什么我要说到家庭的和睦和谐呢？《易经》中第三十七卦家人卦，《象》曰："男女正，天地之大义也。……夫夫，妇妇，而家道正，正家而天下定矣。"

家长是孩子"第一任老师"，在孩子成长过程中，家庭和睦和谐、家风纯正、家长积极进取，尤为重要。父母好好学习，孩子天天向上。

人与人的和谐、社会和谐，要讲善良、友爱、包容、谅解、沟通，化解矛盾，使矛盾不尖锐化、不激化，不向坏处极端方面转化，更不能导致群体事件、恶性事件的发生，这样就不会造成损失和产生不好的社会影响。

从政协团结民主的主题来说，要画好同心圆，促进大团结，就要求同存异，聚同化异。我看过许多圣贤和大学者的传记，他们都不过分强调那个"异"，而是强调"同"。

乾卦《象》曰："大哉乾元！万物资始，乃统天。""保合太和，乃利贞。首出庶物，万国咸宁。"实现中华民族伟大复兴、构建人类命运共同体、建设更加繁荣美好世界是人间正道！

错综复杂思想

"错综复杂"一词就是来自《易经》,指卦变而言,"错""综"是卦与卦之间两类特定的阴阳爻对应关系。以《序卦》为依据的通行本六十四卦的排序,一个很重要的原则就是卦体的相错和相综关系,集中揭示了事物"相因""相反"的发展和变化规律。卦象的错、综、互等关系实际上反映的是对错综复杂的自然和社会现象背后某种内在规律的深刻洞见。"错综"(也包括"复杂")二字恰如其分地揭示了杂乱无章的现象与井然有序的本质之间存在的辩证统一。

就拿八宫卦乾卦来看,它的第一爻阳爻(初九爻)变了,变成阴爻,就变卦了,变成天风姤卦,初九阳爻变成初六阴爻。如果把天风姤卦的图作180度的倒转,则变成为泽天夬卦,夬卦就成为姤卦的综卦。综卦是相对的,这就告诉我们万事万物站的、看的角度不同,观念也完全不一样。《易经》六十四卦中有五十六个卦是相对的，为综卦。其余八个卦，无论你怎么看，都是一个样子：

乾，《序卦》一卦

坤，《序卦》二卦

坎，《序卦》二十九卦

离，《序卦》三十卦

大过，《序卦》二十八卦

小过，《序卦》六十二卦

颐，《序卦》二十七卦

中孚，《序卦》六十一卦

山地剥卦的反对卦就是地雷复卦。反对卦就称为"综卦"。如果把天风姤卦五阳爻一阴爻变为五阴爻一阳爻，则变成为地雷复卦，这就是天风姤卦的正对卦，这就称为"错卦"。

错卦阴爻阳爻交错，立场相同，目标相同，但看问题的角度不同，所见不同。天风姤卦初爻是阴爻，其余五爻是阳爻，我们现在把姤卦交错一下，初爻变为阳爻，其余五爻是阴爻，再看这卦叫地雷复了。天风姤的错卦为地雷复卦了。

《易经》六十四卦画结构，古往今来历代人做了许多研究，最根本的结构特点是唐朝孔颖达揭示的"二二相耦，非复即变"。"相耦"也作"相偶"，就是成双成对，共处一起。明高攀龙诗曰："默默各自怡，一室闲相偶。"就是相对的意思。两卦一对，是《易经》的基本精神。所谓相复，就是两卦卦画阴阳相反，如乾、坤和坎、离，相应卦位爻的阴阳相反。

三十二对卦中属于卦画上下颠倒而成的复卦二十八对。属于卦画阴阳相反的变卦有四对：

> 乾、坤两卦
>
> 颐、大过两卦
>
> 坎、离两卦
>
> 中孚、小过两卦

韩康伯称变卦为"错"，称复卦为"综"。两卦卦体相反，方向相反，《易经》卦画结构中这种相反性质，对卦义有无影响，是值得研究的。韩康伯称：《杂卦》者"杂糅众卦，错综其义，或以同相类，或以异相明也"。所谓"以同相类"，就是将卦义相同或相近的两卦作为一组凸显其义，"以异相明"即通过揭示两卦的对立关系来凸显其义。

我几十年来研读《易经》，深感《易经》博大精深、弥伦天地，精义入神、玄妙无穷，寂然不动、感而遂通。如果研读《易经》一学一看一听就能懂，它就不叫"易经"了，特别是判断、变通、用卦，相对就更难了。我个人认为，经典是一辈子要去研学透悟的书。

《易经》错综复杂思想告诉我们，要学会全面地看问题，任何事情都有相对、正反、交错、联系、关系，看问题不要只看一面，一件事正面看了再反面看，反面看了，再看旁边，旁边也要看它的正反面，四面看到了，还不够完备，因为内在还有变化，又变出一卦来。除乾、坤两卦外，别的卦把中心拿出来交互，又变成一种卦象。这卦象本身又有错卦、综卦，这样就八面看东西，还要加上、下两面，一共就十面了！

比如乾、坤两卦，是总门户，是天地，是阴阳，是龙马，是父母，它们又生了六个孩子：震卦，长男；巽卦，长女；坎卦，中男；离卦，中女；艮卦，少男；兑卦，少女。任何卦变都是阴阳交互、八卦相荡，产生了三十二对、六十四卦。

在这里，我简单地解说一下卦中经常出现的字词：

1. 吉：好。吉祥如意。

2. 凶：坏。要防灾祸。

3. 悔：烦恼。焦虑忧愁。

4. 吝：困难。

5. 咎：错误。

6. 爻：相交。

7. 三才：天地人。

8. 卦辞：卦下面的文字解释。

9. 爻辞：每卦有六根爻，对每根爻作解释。

10. 象辞：现象，对卦作一个示意说明。

11. 彖辞：彖是一种能咬断钢铁的动物，彖辞就是什么现象出来了加以判断。

《易经》错综复杂思想告诉我们要全面全局看问题，还要权衡对待处理问题，《易经》复杂道理还告诉我们，万事万物是互联的，是交互的。什么是交互？就是一卦的六爻内部的变化。我们来看"互"象：下面第二爻上连到第四爻，下面挂到上面去为"互"，第五爻下连到第三爻，上面交至下面来为"交"，某个卦内在发生了交互变化，又产生了一个卦。例如火雷噬嗑卦，交互卦是水山蹇卦，至于复杂，复卦和综卦一样，是重复的意思，杂是指彼此的相互关系。

下面拉到上面为"互"，上面拉到下面为"交"。

要学会看问题，会看，八面玲珑，不会看，甚至乱看，乱七八糟。日常生活中，我们常常会用到"变卦"这个词："刚刚说好了，怎么又变卦了？"这一变，那一变，好像就变得没有确定性，没有头绪了，没有办法去判断接下来又会怎么样、怎么看、怎么办呢？深入开展调查研究，是了解实情、做好决策、推进研究的重要方法和手段。不论阅历多么丰富，不论从事哪一方面工作，都应该坚持和不断加强调查研究。

因此，不论事物多么错综复杂，要解决问题，必须多层次、多方位、多渠道地调查了解和研究；必须坚持从实践中来、到实践中去；必须坚持先调研后决策的重要原则，把调查研究贯穿于决策全过程，真正成为决策的必经程序，不断提高决策的科学化水平。

卦与卦之间关联性、关系性、整体性、全局性都体现得比较明显，相互关系确实错综复杂，我们要学会局部服从整体，顾全大局。不久前，我陪同中华中医药学会会长王国强同志（卫生部原副部长兼国家中医药局局长）参观南京中医药大学，并与多位教授专家座谈，对我很有启发。中医看病的整体论、系统论，"调整体，治局部"，不仅看人的病，还要看病的人，对我理解《易经》中的错综复杂思想很有帮助。

万事万物虽错综复杂，但都有其整体与部分之分，即大局和局部。我们做人做事必须从大局出发，从整体出发，若在做事的过程中，不能立足长远从大局出发，不能把握实际效果，不能从利害关系出发，便可能铸成大错，造成严重的损失。因此，在处理复杂事情的时候，我们要有大局意识。

在事关全局和自身利益的问题上，要以宽广的眼界审时度势，以长远的眼光权衡利弊得失，自觉做到局部服从整体，自我服从全局，眼前服从长远，立足本职，甘于奉献。不急功近利，而是把个体远大发展目标建立在大局发展的基础之上，"学会从整体角度考虑问题"，"从大局着眼，从小处着手"。我认为中医针灸就是这种思维方式。前面我们还讨论了"身体健康"四字的内涵。这句话重复了多少代多少年多少次，多少人讲过，我们还要进一步全面正确理解。什么是身体健康？

身：身躯。

体：肢体。

健：强壮。

康：通达。

身躯要自由，要静养，不能在特别疲劳的情况下再去体育锻炼，要静要慢下来，让四肢血液回到心脏。

肢体要动，《易经》曰：黄中通理，正位居体，而畅于四支（原著用"支"），发于事业……

健是要强壮，强健，不是弱不禁风。

康是通达，不是堵塞、闭塞。"痛则不通，通则不痛。"局部与整体上下通达，良性循环，才能活血化瘀，和谐康泰！

我还记得黑格尔曾经说过的一句话：离开身体的手就不是真正意义上的手。

《易经》错综复杂思想在一个卦中要抓住主爻，特别是要抓住阴爻阳爻变化中的变爻，抓住重点，突出重点，解决主要矛盾。在《易经》六十四卦中，重点要研究阴阳两爻，乾、坤两卦。因为阴阳是打开《易经》的钥匙，乾、坤是总门户，是天地，是父母，是阴阳，是男女，是我们研究六十四卦的重中之重。乾、坤两卦中的《文言》尤为深刻，给人启迪，发人深省，是人生哲学，是生存哲学，是生命哲学。

面对复杂的工作，要能区分出工作的重点，以及轻重缓急。所谓重点，就是重要之事情、中心之工作、突出之问题、关键之方面，是全局工作中的制高点、突破口（分析变爻）。只有抓住重点，工作才算抓到点子上，才能起到牵一发而动全身的作用，才能带动其他工作实现新突破，创造新业绩。要善于分清主与次、先与后、全局与局部，把主要精力放在抓重点工作上，这样才能取得事半功倍的效果。抓重点的目的，就是要在错综复杂的矛盾中，牵住"牛鼻子"，抓住主要矛盾，当然我们要抓的也是"两点论"中的重点论，抓住重点，带动一般，用《易经》"太极思维"，理清工作思路，明确工作目标，按照客观规律办事。

这里，我还要提及的是，在《易经》图式中，乾、坤是体，坎、离为用，乾、坤、坎、离四个大象，有了乾坤就有了空间，有了日月（坎离代表日月、水火）就有了时间，时空就出来了，万物生成了。

我体验到：时间是共享的；空间是分享的。

要理解《易经》的错综复杂思想，我们还要去深刻理解它的"象意类比"的丰富内容。《易经》每卦之辞少则五十多字，多则一百余字，六十四卦中每个大小形符都有奥妙与强大的类比功能以及高浓缩的象义。六十四卦的每个卦形都是由低向高，由内向外、由下向上发展变化的，符合一般事物发展变化的过程。六爻就代表六个阶段、六个位置、六种状态、六种情况，也是六个层次，也可以进行静态与动态、阶段与全程、个体与整体、局部与全局、时间与空间相对结合与分析，再综合归纳：

卦	象	人	德	动物	身体	方位	季节
乾	天	父	健	龙马	头	西北	秋冬
坤	地	母	顺	牛	腹	西南	夏秋
震	雷	长男	动	龙	足	东	春
巽	风	长女	人	鸡	腹	东南	春夏
坎	水	中男	陷	豕	耳	北	冬
离	火	中女	丽	雉	目	南	夏
艮	山	少男	止	狗	手	东北	冬春间
兑	泽	少女	悦	羊	口	西	秋

自然中有万事万物。

万物中有万象万理。

万理中有万千法则。

上面，我已谈了对《易经》错综复杂思想的体悟，但最终我认为，处理问题，解决问题，还是要从实际出发，探求事物内部联系及其发展的规律性，认识事物的本质。《易传·系辞上》曰："见天下之赜，而拟诸其形容，象其物宜，是故谓之象。"赜：奥妙；象其物宜：差不多。

我对实事求是的研究理解还不够深入，就用《易经》"简易""象其物宜"的思维方式对"实事求是"谈一点简单体会：

实事求是应该从发展变化中，也就是从动态中去研究理解。老百姓常说的"大差不差""可以了"，也就是实事求是的"象其物宜"。

实事求是是辩证唯物主义的客观性与人的主观能动性辩证关系的原理在实际工作中的运用。规律是客观的，人们不能创造、消灭和改变规律，有人说"科学发明"应该称"科学发现"，"技术"才是"发明创造"。我们要在尊重客观规律的基础上，通过发挥主观能动性，认识和利用规律，按客观规律办事，要把坚持实事求是和解放思想统一起来，不是既要解放思想又要实事求是，应该是解放思想就是要解放到实事求是，在解放思想中还要统一思想，重大、重要、重点问题要形成共识。

习近平总书记多次强调，我们要始终坚持解放思想、实事求是、与时俱进、求真务实。还指出，要坚持解放思想和实事求是有机统一。这些重要思想精髓深刻改变着整个中华民族的历史命运，并开创了一个崭新的历史时代。

实事求是不仅是一个思想方法、思想作风、工作方法、工作作风的问题，而且是涉及一个人的世界观、人生观、价值观，涉及一个人的信仰和理想的问题。因为人们一切思想行为的深层和背后都有一定的价值观存在、支配。

要坚持解放思想、实事求是，我们还必须加强学习，不断提高理论水平和科学文化水平，要有广博的知识。"知识就是力量"，新知识更有力量。

知识面宽窄影响人们对新事物的认识和对新问题的研究，决定着解放思想的广度和深度。多一门知识，多一条思路，每一种知识都能给人提供一种视野、一种看法、一种思维框架。实际上人们只能看到、想到他们懂得和感兴趣的东西。知识决定着人们到底要观察什么，思考什么。

解放思想、实事求是要求我们求真务实，真抓实干，最根本的目的就是谋发展，要以人民为中心，不断促进经济社会文明进步、和谐稳定，不断实现人民对美好生活的向往，让人民过上好日子。

《易传·系辞上》曰："富有之谓大业，日新之谓盛德。生生之谓易……"实践是不断向前发展的，认识真理不是一次完成的，解放思想、实事求是也就不可能一劳永逸，而要一以贯之，更需要我们不断创意、创造、创新。

> 时间永恒发展，
> 空间普遍联系，
> 万物相互关联，
> 三才错综复杂。

万物交感的思想

"万物交感"理论是我国传统文化的重要组成部分，其反映了万物内在深层的交互关系，是中国文化的特有精华。"万物交感"理论揭示了万物之间生生不息的内在动力因，推动了"继之者善"的中国传统道德伦理的具体展开。"万物交感"理论在处理各种社会矛盾，协调社会各方面关系等领域，皆具有借鉴价值。

"万物交感"理论主要出自《易经》。《易经》中认为，天地阴阳二气交感相错，可以产生大自然的生机勃勃状态。何为"万物交感"？如泰卦之象是地在上天在下，阳气上升、阴气下降，两气交感而亨通。与此相反，如否卦之象是天在上地在下，天本来就在上，地本来就在下，这种情况不会引起上下交感易位的变化。阴阳之气不交感，就没有变化，事物就缺乏生机，所以否卦象征着闭塞不通。

孔子在《彖》中说："天地感而万物化生，圣人感人心而天下和平。观其所感而天地万物之情可见矣。"因此，万物相感乃是中国古人观察世间所总结出来的事物存在与发展的规律，这对现代社会建设同样具有指导意义。

"万物交感"理论是在阴阳二气、阴阳交感理论基础上发展而来。在古代的著名典籍《素问·阴阳应象大论》中说："阴阳者，万物之能始也。"也就是说万物在演化中有两种相互依赖、相互对立、相互补充的因素，促进了万物的演化。《素问·阴阳应象大论》讲"积阳为天，积阴为地"，也就是说天气下降，地气上升，这样天地阴阳二气氤氲交感，并产生万事万物。

《周易》则通过卦象来阐释"阴阳交感"乃至"万物交感"的道理。其在论述泰、否两卦时指出："天地交，泰"；"天地不交，否。"意为天地交，卦象坤上乾下为泰。卦象乾上坤下为否，此为天地不交。这从天然的道理可知，如天在下，地在上，天之阳性之气上升，而地之阴性之气下降，这样就形成阴阳二气的交感相错，能互通有无，能促进万物生生不息地发展。反过来，天在上，地在下，若从常人看是正常的序位，然从发展生机的角度来看，天地之气无法交感，相互离析分崩，自然的生机完全被抑制，也就不能体现出万物生生不息的精神。再从既济、未济卦（《易经》六十四卦最后两卦，卦序为六十三、六十四）来看，坎上离下，即水上火下，为"既济"；离上坎下，即火上水下，为"未济"。水上火下，这水就能润下，火能炎上，两种力量能够互相交感，这样各得其用；火上水下，水火不得交济，不相为用。

咸卦中也特别从人伦方面来讲述"交感"理论。咸即感，象少男少女之相感。孔颖达在《周易正义》中讲："此卦明人伦之始，夫妇之义，必须男女共相感应，方成夫妇。既相感应，乃得亨通。"从伦理道德来说，"夫妇实人伦之原"，从这里也可以推演开来社会的各种伦理关系，相互交感才能亨通，伦理关系才能很好地建立。

　　自然宇宙凡有动皆为感，感则必有应，所以复为感，感复有应，双向互动，交相感应，天地之间的事情也就在这个循环不已的动态的过程中结成了普遍联系的统一整体。就易学的基本原理而言，世界上的统一性在于乾坤并建，"二气感应以相与"，独阴不生，孤阳不长，阴阳二气并非彼此隔绝，各自孤立，而是相互感应，相互依存，结为一体，离开了这种感应的过程，也就没有世界，所以古人常说，《易》以感为体"，"天地之间，只有一个感与应而已，更有甚事？"

　　万物交感是中国哲学生命内涵的基本原理。万物交感是建立在阴阳交感基础上的，阴阳交感是指阴阳二气之间相互感应而交合，发生相摩相错相荡的相互作用。阴阳二气的交感相错，是宇宙万物生成变化之究极本原。

　　太极生两仪即阴阳是古人从无数具体事物中抽象出来的概念，阴阳是互相对立着的两方面，它们互相矛盾、互相牵制，同时又是相互联系、相互依存，相互为用、相互转化，它们是相反相成、对立而又统一的关系。每一事物都有阴阳两方面，并且它们互相依存、不可分割，所谓"孤阳不生，独阴不长"，阴阳两方面相互为用。《素问·阴阳应象大论》中说："阴在内，阳之守也，阳在外，阴之使也。"阴阳两方面在一定的条件下可以互相转化，《素问·阴阳应象大论》中说："故重阴必阳，重阳必阴。"

　　人为自然界万物之一。人类的产生，也是宇宙中阴阳二气相互作用的结果。《素问·宝命全角论》说："天覆地载，万物悉备，莫贵于人。人以天地之气生，四时之法成。……人生于地，悬命于天，天地合气，命之曰人。"古人通过"类比"思维认为人身是一个小天地，既然天地阴阳二气不断地升降运动而致氤氲交感，那么人身之阴阳二气也在不停地升降出入运动中相摩相错。天地阴阳二气的升降交感，维系了宇宙万物有序的产生与发展变化；人体内的阴阳二气的升降运行协调，则维持人体生命过程的正常进行。

所以，"阴阳交感"乃至"万物交感"的原理被广泛运用于中医学理论体系中。如《类经附翼·医易义》中讲："天地之道，以阴阳二气而造化万物；人生之理，以阴阳二气长养百骸。"也就是说，人体中的阴阳二气与天地之气相应，正常情况下居上之气应下降，在下之气当上升；居上的藏气应下降，而在下的藏气而上升。这样"阴升阳降"是人体中健康和谐的状态，违背了这种规律，身体健康就会出问题。

人体内的阴阳二气的升降协调、运行有序、相摩相错，推动着机体的新陈代谢，推动着人体的生命进程。若人体之气的升降出入运动失调，则会进入疾病状态；若升降出入运动停止，则标志着生命过程的终止。《医源》说："天地之道，阴阳而已；阴阳之道，升降而已。……一身之内，非阳伤则阴损。阳伤者不升，阴损者不降。不降不升，而生生之机息矣。"

由于阴升阳降，天地阴阳二气得以交感合和以推动万物的生成和发展变化，人体内的阴阳二气得以交济协调以维持机体生命活动的稳定有序。如中医学所说的心肾两藏之气升降互济，肝肺两藏之气龙虎回环，就是运用阴升阳降交感相错这一运动规律阐述而来。

天地阴阳二气升降有序，运行和谐，则阴阳的交感相错处于最佳状态，即"和"的状态，宇宙万物才得以正常地发生发展和变化。如《道德经》第四十二章说："万物负阴而抱阳，冲气以为和。"指出万物皆禀阴阳二气而生，皆含有阴阳，阴阳合和则为冲和之气，推动万物的发生发展与变化。故《淮南子·泰族训》说："阴阳和，则万物生矣。"《春秋繁露·循天之道》说"和者，天之正也，阴阳之平也。其气最良，物之所生也"，认为"和"是阴阳之气固有的协调机制，是天地之道的根本内容，宇宙万物的发生发展和变化，都遵循"和"的规则。

由此可见，正是"万物交感"的推动，凸显"和谐"是符合宇宙万物规律的根本理念，是顺应天地之道、人伦之德的本有思想。

"万物交感"思想对和谐社会建设具有重要指导意义。和谐是中国文化的基本精神，中国古代和谐思想的提出也是建立在"万物交感"思想的基础之上。

传统文化认为君民一体，君主要顺应民心。《管子》讲"政之所兴，在顺民心；政之所废，在逆民心"。《淮南子》中说"圣人因民之所喜而劝善，因民之所恶而禁奸"。在构建和谐社会的实践中，从广大群众的幸福安康生活到整个社会的和谐健康发展，都与政治昌明密切相关。"政通"才能"人和"，与民众之间相互交通感应，增进沟通达到"交心"的境界，国家自然繁荣昌盛，"经夫妇、成孝敬、厚人伦、美教化、移风俗"的治国理念才能实现。

中国古代的很多经济思想对于当代经济建设仍有很好的指导作用，如勤俭节约、富民养民、重视民本、适时改革等理念。万物交感思想在社会经济建设方面同样具有很好的借鉴作用，比如说在协调生产、分工协作、合理分配、贸易流通、货币流通等方面有直接的参考作用。社会的经济运作需要各方面协调一致，保持供需平衡，抑制通货膨胀，若要做到统筹安排，布局合理，就需要有将各种信息进行"交感"，互相沟通，互相补充，促进经济发展。

《易·小畜》言："有孚挛如，不独富也。"在分配上鼓励一些先富的群众心怀诚信，紧密合作，充满至诚之心，将自己多余的财产"富以及邻"，将利益、影响推广开去。因此提倡慈善公益，使社会多余资本回报社会，滋养社会，这也是"万物交感"理念的体现。因此在经济社会中，发挥"万物交感"的思想，对于和谐安定的社会环境具有重要意义。

我国的国民收入分配格局还存在行业、地区层次不均等问题。十八大以来，党中央把脱贫攻坚作为重中之重，使现行标准下农村贫困人口全部脱贫，就是促进全体人民共同富裕的一项重大举措。促进全体人民共同富裕是一项长期任务。要切实转变发展方式，推动质量变革、效率变革、动力变革，使发展成果更好惠及全体人民，不断实现人民对美好生活的向往。

随着经济的发展，城镇化水平不断提高，高楼大厦建了很多，居住条件改善了，生活方便了，但也得研究新情况、新问题，在"独门别户"的格局下怎么加强人与人之间的交流沟通，社区组织一些有意义的群体活动，亲密邻里关系，值得重视和研究。现在有些现象需要我们关注思考，例如：大洋彼岸用手机网络谈得热热乎乎，视频通话满脸流泪、倾诉衷肠，对门隔壁邻居互不相识，见面连招呼都不打。门外暂放东西，稍放偏位置，还会引起矛盾。如有小偷到邻居家偷东西，还以为他家搬家呢，因互不相识就不去关心了。还有个别独居老人，在家生病几天，甚至"走"了……多么需要交流交往，发挥"万物交感"的作用，从每个个体家庭的和睦推广至邻里融洽，要"老吾老以及人之老，幼吾幼以及人之幼"，培养我们仁爱之心、宽厚之心、礼让之心，建立和善的邻里关系。

"阴阳交感变化起，天地和谐万物成"，倘若人人皆能认识、理解、运用"万物交感"理念，社会各要素便能"各取其利，利利相生"。

周敦颐《太极图说》曰："无极而太极，太极动而生阳，动极而静，静而生阴，静极复动，一动一静，互为其根，分阴分阳，两仪立焉。阳变阴合而生水火木金土，五气顺布，四时行焉，五行一阴阳也，阴阳一太极也。太极本无极也，无行之生也，各一其性，无极之真，二五之精，妙合而凝，乾道成男，坤道成女，二气交感，化生万物，万物生生，而变化无穷焉。"

谈《易经》时，我讲过："《易经》是天人合一的宇宙观，是太极阴阳的哲学体系，不是遇到一卦解一卦，遇到一爻解一爻，爻跟卦走，卦跟乾坤走……"

在我思考万物交感思想时，突然想到 2020 年江苏省高考作文给了这样一份材料："同声相应，同气相求。人们总是关注自己喜爱的人和事，久而久之，就会被同类信息所环绕、所塑造。……"

乾卦《文言》："同声相应，同气相求。水流湿，火就燥。云从龙，风从虎，圣人作，万物睹。本乎天者亲上，本乎地者亲下。则各从其类也。"这是比喻同类声音互相感应，同类气息互相求合。水向低处流，火向干处烧。祥云随着龙吟而出，谷风随着虎啸而生。圣人奋起治世，而万物明显可见，各类相从而发挥作用。这里讲的是种种事物各从其类相互影响的情况。

人作为大自然中的一个特殊物类与大自然中其他丰富多样的物类也有从其类相互影响的情况。

《易经》十分重视万物交感现象。咸卦《彖》在解释此卦时曰："天地感而万物化生，圣人感人心而天下和平。观其所感，而天地万物之情可见矣。"万物生生和变化无穷的原因就在于万物本身阴阳二气交感。"太极""无极"的运用，正是为了更好地说明太极中存有绝对、无形、无定的二气交感状态。

凝视《太极图》，我沉思，《太极图》像"母亲"的"母"字，阴中有阳！请大家思考吧！

在《尚书》中，"感"被理解为对神明的旨意的了解。《说文解字》解释"感"：指动人心，让对方感受到你的意图，产生一种了解，形成相互间的反应。

《易经·咸卦》通过阴阳之间的感来沟通世界万事万物之间关联的形式系统，是动静之间的开关。朱熹曰："感则必有应，所应复为感。"他认为感与应的反复，不仅是自然规律，也是人类之间建立起互相理解的心理机制。

下面我选出一些与"感"有关的正能量的成语：

感恩图报　　感人肺腑

感天动地　　感恩戴德

百感交集　　感慨万千

感激涕零　　霜露之感

隔世之感

此时，我还联想到诸多"感"之词：

感触　　感受　　感应

感想　　感动　　感谢

感情　　感激　　感恩

感悟　　感觉　　感通

我真是读《易经》，悟人生，有感而发啊……

时中之道

《易经》第六方面体悟："时中之道"。

"时"是《易传》中的核心范畴之一，常常被用来作为解释《易经》卦爻辞中吉凶判断的依据。《易传》认为，六爻的吉凶在很大程度上是由各爻所处的位置及其相应的时机所决定的，顺时而行，应时而变者为吉，失时者则为凶。"乐天知命"所乐所知之天、命都是通过"时"而体现出来的。

"自强不息""进德修业""极深研几""与时偕行"的义理体现的不仅仅是一种人生观和价值观，它所褒扬的奋发有为的精神决不简单地意味着鲁莽行事，盲目冒进。恰恰相反，这种积极有为是一种审时度势、进退有节的睿智的智者之举。所谓"时止则行，时行则行，动静不失其时，其道光明"。

《易传》曰："《易》之为书也不可远，为道也屡迁。变动不居，周流六虚。上下无常，刚柔相易，不可为典要，唯变所适"。变化是在时间的坐标系中展开的，从这个意义说，变是时的体现方式，所谓"变通者，趣时也"。因此，如何体察事物运动变化的走向，从而适时调整自己的行为就成为《易经》的主题。

《易传·系辞上》中引述据称是出自孔子之口的一段关于解卦上六爻辞的议论说："君子藏器于身，待时而动，何不利之有？"这样的思想在《易传》其他部分中被扼要地概括为"与时偕行"。

如何践行"与时偕行"，首要的因素在于体察时变。在《易传》中，"时"的概念是与"几"的概念紧密联系在一起的。

所谓"几"，《易传》的解释是："几者动之微，吉之先见者也。君子见几而作，不俟终日"。也就是说，"几"是事物变化方向的萌芽和端绪，是吉凶结果的先兆，它十分微妙，稍纵即逝，难以把握。从这个意义上说，与时偕行乃是以"几"为嚆矢，所以必须"极深研几"："夫易，圣人之所以极深而研几也。唯深也，故能通天下之志；唯几也，故能成天下之务；唯神也，故不疾而速，不行而至"。"君子知微知彰，知柔知刚，万夫之望"。"极深"是指穷极事物深湛的奥义，"研几"则是探索事物变化的征兆。在《易传》看来，由于"易与天地准"，《易经》自身就蕴藏着深奥玄妙的智慧，故而能通晓天下万物行动的趋势，通过把握事物发展变化的苗头，见微知彰而成就天下伟业。

2019 年，我又去湖南长沙马王堆汉墓，并到湖南博物馆和几位专家教授研讨交流 1973 年出土的帛书，回来后又查阅了一些文献资料。

《帛书易传·二三子》提到乾卦时，说："君子终日键键，夕沂若，厉，无咎。"孔子对此爻辞解释突出一个"时"字，"君子终日键键"是"君子务时，时至而动"；"夕沂若，厉无咎"，是"时尽而止之以置身"，在"时至"的情况下，要抓住时机，顺时而动，奋发有为，自强不息。

"夕沂若"是讲君子在"时尽"的情况下，要"止之以置身，置身而静"。要静止下来，养精蓄锐，休养生息，待时而动，这样能动能静，一切依时而行，即使面临艰险，也能免遭咎害。"时尽"要知道及时休息，所谓"知息也，何咎之有"，要懂得及时作、及时息，这样就没有咎害。

乾卦爻居上位指"时至"，在下位指"时尽"，"因其时而进，因其时而惕"，义又与《淮南子·人间》"因日而动，因夜以息"相间。释这爻辞强调一个"时"，是动静辩证观，所谓"文武之道，一张一弛"也是同样的精神。

下面接着谈"中"。

与时偕行作为一种人生智慧，在《易经》中以达致"中"的境界为鹄的。

《易经》是中国哲学关于"中"的思想的一个重要源头。通行本《易经》中，"中"的出现频率高达 119 次（不包括作为卦名的"中孚"），其中的大部分在《易传》中。作为对先前阶段的总结——《易经》的哲学阐发，与"中"相关的重要概念在《易传》中有"中正""刚中""中行""中节""得中""中道""中吉""柔中"以及作为一卦卦名的"中孚"。

"中"在易卦的卦象体系中原本有特定的指称，即"中位"和"中爻"：六爻中，若以全卦观之，则在六爻中居中的二、三、四、五爻为所谓的"中爻"；若以上、下卦分别观之，则第二爻当下卦之"中位"，第五爻当上卦之"中位"。凡阳爻居中位，则多称为"刚中"，象征"刚健守中"；凡阴爻居中位，则多称"柔中"，象征"柔顺守中"。如果阴爻处于下卦之中，阳爻处于上卦之中位，则就是所谓的"中正"，是易爻中尤具美善的象征。《易经》中其他的一些与"中"相关的概念也多与卦象的位置之"中"有关。

《易经》的六爻卦象是模拟事物运动变化一个相对完整的周期中不同阶

段所表现出的不同特征的"图式"体系。六爻的爻位,象征着事物的运动变化过程中所处的或上或下、或贵或贱的地位、条件、身份等不同的状态,其中二爻之位象征事物发展形态初具,朝气蓬勃,适当积极进取;五爻之位则象征事物发展规模完备,功成圆满,时当处盛戒盈。这两爻所象征的发展阶段是事物运动变化周期中的枢纽和关键所在,所谓的"中正""得中""中吉"等判辞多就此两爻而发,皆谓持此"中"不偏倚而获吉祥。这就意味着,《易经》之"中"的核心在于"时中",顺时而行,待机而动,则可"以亨行时中"(《易传·彖·蒙》),得"中行""中道""中节"而"中正"。"易道深矣,一言以蔽之,曰'时中'"。(惠栋《易汉学·易尚时中说》)

"中之义为《易》所摄取,作《易》者的基本认识,是以为宇宙万物均在变化之中……人乘此变化,当处于中正之地位,使对立物无过无不及,使在人世间的变化,可以不至于走到极端('亢'),因而变化便可以静定下来,地位便可以长久安定('永贞')下去。这样便有百利而无一害"。(郭沫若:《十批判书》)《易经》的"时中"观念植根于其对世界对立统一矛盾运动的深刻认识和把握。

前面谈到,《易经》的"时中"观念植根于其对世界对立统一矛盾运动的深刻认识和把握。从一卦六爻分别喻示事物发展的不同阶段看,二、五两爻因居中位而得道,位尊处优,故每每大吉。

从《易经》的成书过程和对后世哲学的影响看,其"时中"思想与儒家的中庸之道是源流相关、一脉相承的。"故尝谓六十四卦,三百八十四爻,一言以蔽之,曰'中'而已矣。子思述孔子之意,而作《中庸》,与大《易》相表里。"(钱大昕《潜研堂集·中庸说》)应该说,待机而动、行止有度的"时中",是对无过无不及的"中庸"最好的方法论诠释,也是"自强不息"精神与"与时偕行"智慧最好的体现。现在我们要科学发展,就要统筹兼顾。统筹兼顾讲求全面、协调、可持续,一个重要的落脚点正是所谓的"度"。

《论语·先进》中，有一次子贡问孔子曰："师与商也孰贤？"师与商都是孔子的学生，师即子张，商即子夏，子贡问的意思，子张和子夏哪个更优秀一点。孔子答："师也过，商也不及。"意思是子张这个人走过头，子夏这个人跟不上。子贡又问那么是不是子张比子夏强一点，孔子不这么认为，"过犹不及"，走过了等于跟不上。"宜、当、适"为中，要不片面，不对抗，不过头，不极端，把握度。度是维系事物自身平衡和事物之间良性互动并达到统一的存在。

与"度"有关的词：

容度	刻度	热度	温度
风度	气度	大度	厚度
长度	宽度	广度	深度
尺度	幅度	高度	浓度
角度	审度	程度	纯度
经度	纬度	几度	过度
一度	再度	忖度	揣度
有度	限度	法度	制度
速度	精度	亮度	暗度

我用了32个"度"，实际上这些度也是"时中"的体现。

在卦辞中，周文王追求"生生"之道，把握"时中"原则，不失时"识时"与不偏不倚的"适时"。凡有生命之物，得时则生，失时则亡，如草木春夏天萌发、茂盛，秋天凋谢、枯萎，这就是"求生"作为，唯有配合时的"中道"才能生发。

谈《易经》卦时，每一爻都有不同的位置，也代表不同的时机，同样代表人的不同年龄段、不同阶层、不同状态。每一爻的阶段有它不同的"中"道，也有适合时宜的"中"。《论语·季氏篇》曾说："君子有三戒：少之时，血气未定，戒之在色；及其壮也，血气方刚，戒之在斗；及其老也，血气既衰，戒之在得。"人的身体在不同年龄段，心、气、血都不一样，这是生理状态的变化。

晚年要"戒之在得"，而我看到的有些老年人真不是这样，人老了抓得最紧，越老越抓得紧，该放手，但不肯放啊！一条被棉絮上面很多洞洞，也舍不得扔，一些食物快生霉了，水果先拣烂的吃，好的也变烂了，如此等等。当然有些旧物舍不得丢，是内面含有情感记忆，将其作纪念之物妥存，可以理解。但有些破旧烂的东西已是垃圾，你要快扔出去，分类放进垃圾箱，家中要清洁卫生吧！

有一说"两头看人生"，先到医院妇产科产房看：人呱呱落地，一出生，两只小手抓得紧紧的，是不是来到人世间想抓东西。再到殡仪馆太平间看：走了的人，哪一个不是手松开的，什么也不要了，带不走了。

我研读《易经》，也加深了对"四书"之一《中庸》的理解，"极高明而道中庸"，中道是不偏不倚的常道，它不是一半，即50%，不是两极的折中，它是恰到好处，恰如其分的应然之度。对自身来说，要注意合宜，为人处事要注意恰当。

《易传·象》共有四百五十条象辞，你要去研究每一条变化，"牵一发而动全身"。我们要体悟，该如何应变，如何去知才得宜，知时、知中、知变才成器，所以易者也是进退之道，在行止进退当中，合乎时宜，也叫作"义"。

宜本身也就是"应该"，也是儒家思想的"仁义之道"，仁就是"生生"，义就是那个"宜""适合"。

《孟子》中称孔子为圣之时者，讲孔子在"时"上特别讲究"得生行宜"。

《论语·卫灵公》中记载，孔子曾说："可与言而不与之言，失人；不可与言而与之言，失言；知者不识人，亦不失言。"这是不失时者。《论语·宪问》中孔子问公叔文子于公明贾："信乎？夫之不言，不笑，不取乎？"公明贾曰："以告者过也，夫之时然后言，人不厌其言；乐然后笑，人不厌其笑；义然后取，人不厌其取。"孔子曰："其然！岂其然乎？"恰当十分重要，做人做事要恰当，恰当之时，用恰当方法说恰当的话，就叫"应该""宜"。而要达到"宜"也是不易的，要有智慧、道德品质和修为。孔子认为不小心犯了"不识时务"的错误，也叫"过错"。过错容易引来不好的后果、后患，所以要"防患于未然"。

第四章

《序卦》简释

乾卦：第一卦，上下皆天乾卦。

六十四卦起始于乾坤。

《序卦》说："有天地，然后万物生焉。"天地是生成化育万物的根本。乾是日出光气，六爻纯阳，活动为"刚健"，天行健，君子以自强不息。"元亨利贞"是乾卦的卦辞。天的功能、天的法则是万物创始之根，通行无阻，祥和守正，而且执着向前。

坤卦：第二卦，上下皆地坤卦。

《序卦》说："有天地，然后万物生焉。"坤是地气舒展之象，六爻皆阴，是大地，依顺着天，滋生万物。天体向左转，地球向右转，大地反天地方向逆转，如同母马，逆风奔驰，不遇天体碰撞，顺从天。"马行逆风，牛走顺水"。

屯卦：第三卦，水雷屯卦。

《序卦》说："屯者，盈也；屯者，物之始生也。"屯是草木萌芽于大地，是生的开始，有个过程，相当艰难。天地生机酝酿于冬季，草木萌芽开始于寒冬，萌发不畏艰难，意志坚定，创始生命，因刚刚萌芽，非常脆弱，因而"勿用"，不可轻举妄动，冬去春来，欣欣向荣。屯卦象征创始的艰难困苦。

蒙卦：第四卦，山水蒙卦。

《序卦》说："物生必蒙，故受之以蒙；蒙者，蒙也，物之稚也。""蒙"是幼稚、蒙昧，也有启蒙教育的意思。屯卦的卦象倒转过来为蒙卦，这两卦互为"综卦"。这一卦，上卦"艮"为山，有止的作用；下卦"坎"为水，上下有险，要有启蒙教育。

需卦：第五卦，水天需卦。

《序卦》说："物稚不可不需，故受之以需；需者，饮食之道也。"年幼稚小，不可以不养育，需成饮食之道，维护生命。饮食是必需品，需就是需要，需卦上卦"坎"，为险、陷，下卦"乾"，刚健。前面有险，不可冒进，要耐心等待时机。

讼卦：第六卦，天水讼卦。

《序卦》说："饮食必有讼，故受之以讼。"讼卦与需卦相反，两卦相互是"综卦"。需是等待，讼是争论，也包含诉讼在内。讼卦上卦"乾"，刚健；下卦"坎"，险。九二阳爻中位，象征信实，九五爻同是阳爻，不相应。孚信受到阻碍，坎还有忧虑较多之意，所以要多加警惕。讼卦是由遁卦变化而来，遁卦九三爻降到二爻，占据中位，所以要守中，平息相争诉讼，才会吉祥。

师卦：第七卦，地水师卦。

《序卦》说："讼必有众起，故受之以师。师者，众也。"万事万物变化演进，由争讼不可开交发生战争。"师"指军队，师卦上卦"坤"是地柔顺，下卦"坎"险水。古时兵农合一，平时种田，农闲训练，战时应召参战。师卦九二是阳爻为统帅，五个阴爻为士兵，六九爻柔和居上位，任命"丈人"即老成持重的人带兵。"贞"必须坚持正义，听从君命，符合众望，讨伐邪恶。

比卦：第八卦，水地比卦。

《序卦》说："师者，众也，众必有所比，故受之以比。比者，比也。"比卦与师卦为"综卦"，战与和相互为用。"比"是相亲相辅，择善而从，"师"为众，群众共同生活，必须和睦相处，互助合作，服从领导。比卦九五爻阳刚，在上卦至尊中位，阳爻阳位，既中又正，上下有五阴爻追随。在一个团体中，人人相亲，和平共处，服从领导，当然吉祥。

小畜卦：第九卦，风天小畜卦。

《序卦》说："比必有所畜，故受之以小畜。"在群体中，人人相比相亲，共同努力，结果就有了积蓄。"小"是少、稀有、不足的意思。此卦上卦"巽"阳多阴少，下卦"乾"纯阳爻，阳过盛阴不足，一阴蓄养五阳，力量不足。畜又有养与止的含义，因力量有限，不得不稍为停顿，不能有大的作为，这样积蓄力量，不久就可以亨通。

履卦：第十卦，天泽履卦。

《序卦》说："物畜然后有礼，故受之以履。"履卦与小畜卦是"综卦"，交互为用。财物蓄积后，要制定礼义，礼又与履同音，礼必须人来履行。履是履行的意思。履卦是兑在乾下，"乾"刚强，所以踩到老虎尾巴并没有被虎咬，"不咥人"可以前行。但这卦卦辞中，有危机感。

泰卦：第十一卦，地天泰卦。

《序卦》说："履而泰，然后安，故受之以泰。泰者，通也。"此卦乾为天，坤为地，地纯阴气上升，天纯阳气下降，阴阳密切交合、沟通，成为安泰之象。泰卦又称为"消息卦"，是一年阴阳消长的消息，相当于正月。"三阳开泰"，天地相交，万物生长，吉祥亨通。

否卦：第十二卦，天地否卦。

《序卦》说："泰者，通也。物不可以终通，故受之以否。"否卦是泰卦的倒转，二者互为"综卦"。否有否定、闭塞、不通的含义。这卦是农历七月，阴阳不交感。对人事来说，也是反常。阴气在内卦生长，将阳气驱逐到外卦，是小人得势，好人正直受排斥。否极泰来，黑暗不会长久，应当坚定信心，守持正道。"倾否，先否后喜"，"否终则倾，何可长也"。

同人卦：第十三卦，天火同人卦。

《序卦》说："物不可以终否，故受之以同人。"同是和同、会同，破解闭塞现状，需要人与人之间团结和谐。同人上卦"乾"为天，下卦"离"为火，火光明向上，与天相同。六二爻中正与九五爻相应。同人卦只有一个阴爻，五个阳爻与它相聚合，象征"大同"理想境界。

大有卦：第十四卦，火天大有卦。

《序卦》说："与人同者，物必归焉，故受之以大有。"大有卦与同人卦是"综卦"。团结和同就能大有，大有又促进和谐，谦虚和顺是大的所有。

大有卦离卦日在乾卦的天上，阳光普照，唯一六五爻阴爻得中，其他五阳爻都属于他，六五尊位与下卦天相应，应天命，得人心，完成大有事业。

谦卦：第十五卦，地山谦卦。

《序卦》说："有大者，不可以盈，故受之以谦。"有成就的人，不能骄傲自满，必须谦虚。谦是对自己的才干、成就不自负的态度。谦卦上卦"坤"是大地柔顺，下卦"艮"是山、土。山在地下，是多么谦虚的形象。谦受益，受到尊重，发出光热，通行亨通，获得成功。

豫卦：第十六卦，雷地豫卦。

《序卦》说："有大而能谦，必豫，故受之以豫。"富有而谦虚，当然快乐。豫卦和谦卦互为"综卦"。"豫"是和乐之意，要使他人也使自己喜悦。此卦只有九四爻是阳爻，其他五根阴爻都追随服从，他很得志，心中快乐。以人事来说，众人都乐于追随，必然可建立基业，也有利于用兵。豫卦同时也告诫人，要居安思危，和乐是众乐，而非独自贪图享乐，不能自鸣得意，不可在安乐中迷失，必须持中守正，团结和谐，适时转变，反之乐极生悲，难以长久。

随卦：第十七卦，泽雷随卦。

《序卦》说："豫必有随，故受之以随。"安居乐业、安和乐利的社会，必定有众人来追随。随卦是随和跟从，此卦是讲跟随的原则，随和大众同时还要求同存异。随卦上卦"兑"是悦，下卦"震"是动，动而悦。随和他人，他人也会来随和自己，这样才能维护安和乐利的局面。

蛊卦：第十八卦，山风蛊卦。

《序卦》说："以喜随人者必有事，故受之以蛊。"随卦倒转为蛊卦，互为"综卦"。不讲原则地随波逐流容易同流合污，以致腐败，腐败需要整治，两卦交互使用。"蛊"是器皿中食物腐烂生虫，象征沉溺安乐，由和谐安定走向了秩序混乱，发生事端，乐极生悲。

临卦：第十九卦，地泽临卦。

《序卦》说："有事而后可大，故受之以临，临者，大也。"发生事件、事端、事故不能等待。"成临、等临、至临、知临、敦临"，要积极应对，亲临现场，稳妥处理。临卦也是消息卦，是农历十二月，阴气生长，进逼阴。

阴阳相互消长，时机稍纵即逝，必须把握好，挽救危亡，积极投身。

观卦：第二十卦，风地观卦。

《序卦》说："物大然后可观，故受之以观。"观卦与临卦互为"综卦"，临是由上而下，观是自下而上，自内而外，多面多角度观看。此卦是将品德、道义展示出来，"九五"爻在尊位，持中守正，真诚严正，被四个阴爻即众人尊敬。观卦是消息卦，代表八月。

噬嗑卦：第二十一卦，火雷噬嗑卦。

《序卦》说："可观而后有所合，故受之以噬嗑。嗑者，合也。"噬为咬，上下颚咬合，将口中之物咬细碎，与颐卦相似，张大口，上下颚相对，中间九四爻阳爻，成为咬合咀嚼之象。此卦告诉我们，凡是不通有碍，就要铲除构成障碍的东西，惩罚坏人。

贲卦：第二十二卦，山火贲卦。

《序卦》说："物不可以苟合而已，故受之以贲。贲者，饰也。"贲是装饰、文饰的意思。贲卦与噬嗑卦是"综卦",人事万物聚合必然有秩序与模式,也需要有礼义装饰。贲卦为既济卦的九五爻与上六爻交换,使上卦变成艮、止,外面有所阻止,饰过了,不属实质。一切文饰要有朴实的面目,才是文饰极致。

剥卦:第二十三卦,山地剥卦。

《序卦》说:"致饰,然后亨则尽矣,故受之以剥。剥者,剥也。"剥是剥落、剥蚀,一味文饰,实质一无所存,就会产生剥落现象。剥卦,五阴一阳,阴盛阳衰,残余一阳也到尽头,难保住了。剥卦是小人得势,君子受困,此时君子只能顺势隐忍,不利行动,自保其身。剥卦是消息卦之一,代表农历九月。

复卦:第二十四卦,地雷复卦。

《序卦》说:"物不可以终尽剥,穷上反下,故受之以复。"复卦与剥卦是"综卦"。一剥一复,剥卦上九爻剥落,成为纯阴代表十月卦,到了十一月冬至,一阳爻在下卦初位出现,成为复卦,使万物生生不息。复卦上卦"坤"为顺,下卦"震"为动,阳在下方上升,一阳来复经过七个爻,转危为安。

无妄卦：第二十五卦，天雷无妄卦。

《序卦》说："复则不妄矣，故受之以无妄。"无妄是不虚伪、不妄言、不妄行。无妄卦上卦"乾"为刚健，下卦"震"为动。九五爻刚健宗正，又与下卦六二爻相应，是由讼卦的九二爻与初六爻交换而成无妄卦，这样一变由虚为实，非常吉利，如果念头不正，会有咎害。

大畜卦：第二十六卦，山天大畜卦。

《序卦》说："有无妄，物然后可畜，故受之以大畜。"大畜卦与无妄卦是"综卦"。不乱言语，不妄为，积善德必有大畜。畜有积蓄和知止的含义。上卦"艮"为止，下卦乾为健。此卦阳多阴少，阳是大，为"大畜"，是大有作为时期，要谦虚谨慎，学会疏通，居富思危。

颐卦：第二十七卦，山雷颐卦。

《序卦》说："物畜然后可养，故受之以颐，颐者，养也。"颐卦上卦"艮"为止，下卦"震"为动，指吃东西，食物进入口中，上下牙齿相合，咀嚼进入体内，供给身体需要。你们试试看，吃东西时上颚不动，下颚动，不也就是动静结合、阴阳交合吗？颐卦是养的意思，"自求口食""养正则吉"，养人养已必须正当，则吉。

大过卦：第二十八卦，泽风大过卦。

《序卦》说："不养则不可动，故受之以大过。"大过卦与颐卦是"错卦"，阴阳爻完全相反，养与过交互为用。大过卦有四个阳爻，阳盛。"栋桡"是栋梁中间结实，两头弯曲软弱。大过卦上卦"兑"为悦，下卦"巽"为顺，因而服从。持中才能亨通，具备善德有利前行，否则就会塌陷。

坎卦：第二十九卦，上下皆水坎卦。

《序卦》说："物不可以终过，故受之以坎。坎者，陷也。"坎卦上下卦都是坎为水陷，一阳陷在二阴中，是重重险难之象。坎卦上下阴爻，中间阳爻，阴虚阳实，中心坚实，刚中不屈。大江东流，百折不挠，超越重重艰险，意志坚定不退缩。坎卦要用刚。

离卦：第三十卦，上下皆火离卦。

《序卦》说："陷必有所丽，故受之以离。"离卦与坎卦阴阳爻完全相反，是"错卦"。离卦为丽，是附着的意思。离卦中间一根阴爻，附着两根阳爻。离卦又为火，外表光明内部空虚，火又必须附在燃烧的物体上才得以发生，但附着的事物正当，才能明亮又不成火灾。离卦必须具有柔顺之德，才获吉祥，离卦要用柔。

咸卦：第三十一卦，泽山咸卦。

《序卦》说："有天地，然后有万物；有万物，然后有男女；有男女，然后有夫妇；有夫妇，然后有父子；有父子，然后有君臣；有君臣，然后有上下；有上下，然后礼义有所错。"《易经》上经以开创万物的天地起始，下经则以人伦开端，少男少女相互感应、爱恋，真心相爱，动机纯正，婚姻才会幸福。咸是"感"的意思，象征无心的感应，这是自然、必然的意思。咸卦上卦"兑"为少女，下卦"艮"为少男。少男追求少女，"艮"止，"兑"悦，表示爱情一心一意，坚定的追求，真诚使对方感动。

恒卦：第三十二卦，雷风恒卦。

《序卦》说："夫妇之道，不可以不久也，故受之以恒。恒者，久也。"咸卦倒转过来为恒卦，相互是"综卦"。感应时短，恒久长远。"恒"是永久、恒常，恒卦上卦"震"为长男，下卦"巽"为长女。咸卦是女在男的下方，刚上柔下，是古代夫妇常理。婚姻恋爱纯正、持续，才能无往不利。

遁卦：第三十三卦，天山遁卦。

《序卦》说："物不可以久居其所，故受之以遁，遁者，退也。"遁是退避、隐退。遁卦是阴由下长，阳退避，遁卦九五爻阳刚，但下卦"艮"有二阴爻伸长，因君子坚守纯正，在应当退避时退隐，不可妄动：把握时机，争取行动。

大壮卦：第三十四卦，雷天大壮卦。

《序卦》说："物不可以终遁，故受之以大壮。"遁卦倒转过来为大壮卦，相互是"综卦"。壮大是有作为，大壮是壮盛。上卦"震"为动，下卦"乾"纯阳刚健，刚健而有行动作为。大壮卦是君子壮大，连续四根阳爻，顺利亨通，无往不利，壮大要正大，这是天地法则。

晋卦：第三十五卦，火地晋卦。

《序卦》说："物不可以终壮，故受之以晋。晋者，进也。"晋是"前进、晋升"，是诸侯得到褒奖。晋卦上卦"离"为太阳、光明，下卦"坤"为柔顺，是阳光普照，万事柔顺，诸侯顺从天子，天下太平，国家安康。在一天中，天子多次接见诸侯，忠诚守职的人被赏识、晋升。

明夷卦：第三十六卦，地火明夷卦。

《序卦》说："进必有所伤，故受之以明夷。夷者，伤也。"明夷卦与晋卦互为"综卦"。"夷"与痍同，伤痍、创伤。夷卦上卦"坤"为地，下卦"离"为太阳，阳光被沉地下，光明受到伤害。前进中遇险情，明德被暗伤，非常艰难，要反省，刻苦忍耐。坚守正道，自保其身，有利于前进。

家人卦：第三十七卦，风火家人卦。

《序卦》说："伤于外者，必反其家，故受之以家人。"家人卦，一个家庭中的伦理道德。家人卦上卦九五爻，下卦六二爻都得正，男女在外在家，各守正道，特别突出主妇在家庭中的地位和重要作用，主妇正，则一家正，家庭中有严厉的主人，一家人各尽应有的本分，有家庭美德，有家规。家庭延伸到社会，相亲和善，天下就平安了。

睽卦：第三十八卦，火泽睽卦。

《序卦》说："家道穷必乖，故受之以睽。睽者，乖也。"睽卦与家人卦相反，互为"综卦"。睽，乖异、违背、背离，目不相视。分久必合，合久必分，我们要懂得运用"分合异同"的法则，并正确运用。不和则乖离，家和万事兴。

蹇卦：第三十九卦，水山蹇卦。

《序卦》说："乖必有难，故受之以蹇。蹇者，难也。"蹇卦上卦"坎"为水陷、险，下卦"艮"为山、止，山高水深，遭遇艰险，行走困难。克服艰险要有人帮助，坚持正道，可获吉祥。

解卦：第四十卦，雷水解卦。

《序卦》说："物不可以终难，故受之以解。解者，缓也。"解卦与蹇卦上下相反，互为"综卦"，相反相成。解卦上卦"震"为动，下卦"坎"为险，走出艰险，使困难解除。解除险难要抓紧迅速，不宜拖延，才获吉祥。

损卦：第四十一卦，山泽损卦。

《序卦》说："缓必有所失，故受之以损。"损是减少，即下损上益，与这卦相对的是上损下益。减损不能完全视为不好，为了治理国家，有时必须使众人所得受到某种程度的减少，如银根收紧，但必须取之于民，用之于民，被大家接受承受。减少众利是暂时的，不能长久持续。

益卦：第四十二卦，风雷益卦。

《序卦》说："损而不已，必益，故受之以益。"益卦与损卦为"综卦"，相反相成。上损下益，减少上方财富，使民众受益。益卦上卦"巽"为风、木，下卦"震"为动，被风吹动的木船，有利于涉大河。"凡益之道，与时偕行。"凡是能使众人受益之道，前进有利，应当随时机进行。

夬卦：第四十三卦，泽天夬卦。

《序卦》说："益而不已，必决，故受之以夬。夬者，决也。"夬是决断的意思，夬卦有五个阳爻，是阳的强大、阳刚，将阴切断、驱除。在古代，虽然君主势力强大，但有少数小人要清除时，仍应先在朝廷上宣告小人的罪状，以诚信号召民众，获得支持，合力将小人清除驱逐。先做好充分准备，然后付诸行动，这样有利于成功。

姤卦：第四十四卦，天风姤卦。

《序卦》说："决必有遇，故受之以姤，姤者，遇也。"姤卦是"相遇"，与夬卦是相反的"综卦"，与逅的意思相同，逅是在道路上相遇，姤是男女相遇，意外相遇。一阴与五阳相遇，可能不守贞节，不能长相守。我认为也不能绝对，刚遇到中正之柔，刚柔相济，也能使其大有可为，姤卦是"消息卦"，代表五月。

萃卦：第四十五卦，泽地萃卦。

《序卦》说："物相遇而后聚，故受之以萃。萃者，聚也。"萃卦为聚集。丛生绿草成茵。萃卦上卦"兑"为悦，下卦"坤"为柔顺，愉快而顺从。"兑"又为泽，"坤"又为地，水在大地聚集成泽，滋养万物，造福民众。萃卦九五爻阳刚中正，与六二爻柔顺中正，相映生辉，万物荟萃。

升卦：第四十六卦，地风升卦。

《序卦》说："聚而上者谓之升，故受之以升。"升卦与萃卦是"综卦"，相反相成。升是上升，升进，通达，积极的作为。升卦上卦"坤"为柔顺，下卦"巽"也为顺，风顺。九二爻刚健在下卦居中，又与六五爻相应，非常亨通，升进。

困卦：第四十七卦，泽水困卦。

《序卦》说："生而不已必困，故受之以困。"困是穷途，进退不得之时。上卦"兑"阳多阴少，是"阴卦"，阴被阴遮蔽盖住，下卦"坎"阴多阳少，是"阳卦"。九二阳爻又被称"初天"，阴爻遮住，象征君子被小人所困，身陷于穷困中，说话也没有人听，没有人相信，但能坚守正道，隐忍，保持安静沉默。不是不会说话，而是会不说话。

井卦：第四十八卦，水风井卦。

《序卦》说："困乎上者必反下，故受之以井。"井是井框，古时的井田法，方一里的田，划分成井字形的九等份，四周的八份是私田，中间为公地及住宅，并且掘井公用。井卦上卦"坎"为水，下卦"巽"为入，用吊桶进入水中，将水汲上，并以水养人，而汲之不尽，村邑改变，而井不变，象征从井中汲水养活民众。贤者在位要服务大众。

革卦：第四十九卦，泽火革卦。

《序卦》说："井道不可不革，故受之以革。""革"原义是兽皮加工制作成皮革，有变革、改革的意思。选择"己日"变革，有多种说法。己是十天干中的己，在十天干中（甲乙丙丁戊己庚辛壬癸）己排序第六，越过中了，是盛极而走向衰弱，是必须改革之时。己日为变革之日，变革必须适宜，采取措施行动才能得到民众信任和支持。

鼎卦：第五十卦，火风鼎卦。

《序卦》说："革物者莫若鼎，故受之以鼎。"鼎卦与革卦相反相成，互为"综卦"。鼎是烧煮食物的器具，生的食物经过煮熟供人食用。鼎上卦"离"为火，下卦"巽"为木，木生火煮物。鼎在古代又象征王权，也是祭祀之器，还显示法律的庄严。

震卦：第五十一卦，上下皆雷震卦。

《序卦》说："主器者莫若长子，故受之以震，震者动也。"祭祀祖先，应由长子担任，震卦是长子。震是动，虔诚祭祀的人在地震（灾难）来时，手中的酒匙没有掉落，是说平时戒慎的人在突然遭受震惊时不会手足无措，而是从容镇定。

艮卦：第五十二卦，上下皆山艮卦。

《序卦》说："物不可以终动，止之，故受之以艮。艮者，止也。"艮卦与震卦上下相反，互为"综卦"。艮卦是上下卦相同的纯卦，一阳爻在二阴爻之上，阳已上升到极点，卦形又象山，所以要止，适可而止，在前进中要因时因地因事而自我节制，不为私贪之欲而乱为，止于善。

渐卦：第五十三卦，风山渐卦。

《序卦》说："物不可以终止，故受之以渐。渐者，进也。"渐是渐渐前行。渐卦上卦"巽"为顺，顺势停停进进，缓缓行动。古时，女子出嫁，要经过一系列婚嫁礼仪，当然有个过程。渐卦六二爻到九五爻都正，该出嫁女子纯朴、纯正、吉祥。迈步向前必须稳当，脚踏实地循序而进，顺乎自然才能安全有利。

归妹卦：第五十四卦，雷泽归妹。

《序卦》说:"进必有所归,故受之以归妹。"归妹卦,"少女"与"少男"结合,指古时出嫁的少女违背妇道。此卦二爻到五都不正,阴爻驾在阳刚爻之上,选择对象不当,婚姻不美满。

丰卦:第五十五卦,雷火丰卦。

《序卦》说:"得其所归者必大,故受之以丰,丰者,大也。"得到民众拥护,积极作为,走向盛大。丰卦上卦"震"为动,下卦"离"为光明,光明而跃动,如日中天,阳光普照大地,广大民众分享丰盛成果。如何持盈保泰?要坚持守正团结,不能得意忘形,否则无法持久。

旅卦:第五十六卦,火山旅卦。

《序卦》说:"穷大者必失其居,故受之以旅。"旅卦与丰卦为"综卦"。过盛而衰就会失去安定,流离在外旅行。旅卦上卦"离"为火,下卦"艮"为山,山上起火,火势扩大,就像旅行之人,心急如火在赶路。旅卦六五爻,与六二爻同是阴爻,相斥,行路中守正才会吉祥。

巽卦:第五十七卦,上下皆风巽卦。

《序卦》说："旅而无所容，故受之以巽。巽者，入也。"巽为入，音同逊。巽卦是一阴爻在两阳爻下面，有顺从他人的意思。人有谦逊的态度，才能被人接纳，顺应自然规律才有利于前行。当然，顺从别人也必须选择好人，不可盲从。

兑卦：第五十八卦，上下皆泽兑卦。

《序卦》说："入而后说之，故受之以兑，兑者，说也。"兑卦与巽卦互为"综卦"。兑是说话和喜悦。兑卦是一阴爻进到二阳爻之上，是欢笑喜形于外。兑卦又为泽，水聚集成泽，泽中水滋润万物，可以亨通，但要守正，使人使己开心才会有利。

涣卦：第五十九卦，风水涣卦。

《序卦》说："说而后散之，故受之以涣，涣者，离也。"涣是冰雪消融，离散。涣卦上卦"巽"为风，下卦"坎"为水，风吹水上，使水波离散，喜悦被烦闷涣散。君子用至诚感化民众，拯救涣散，重新聚结，舟行水上，守正顺利渡河。

节卦：第六十卦，水泽节卦。

《序卦》说："物不可以终离，故受之以节。"节卦与涣卦为"综卦"相反相成。节，一段、分开、节制、节约，节有止之意。节卦上卦"坎"为水，下卦"兑"为泽。水聚泽中，过满就会流出，要加以节制。节制是美德，但也不宜过度——苦节。

中孚卦：第六十一卦，风泽中孚卦。

《序卦》说："节而信之，故受之以中孚。"中孚心中诚信。中孚卦上下各有两根阳爻，中间两根阴爻，是虚心之象。又上下的中爻，二爻与五爻都是阳爻，中心实在。中孚卦以虚纳实，至诚吉祥。

小过卦：第六十二卦，雷山小过卦。

《序卦》说："有其信者必行之，故受之小过。"小过卦与中孚卦的阴阳爻相反，互为"错卦"。小过自信过分，行动难免过错。小过卦有四根阴爻，二根阳爻，是阴过头，阳大阴小。人事要守正，特别是干大事不能过，要求真务实，不能好高狂妄，自不量力，处理过头，造成危害。

既济卦：第六十三卦，水火既济卦。

《序卦》说："有过物者必济，故受之以既济。"济，过河。既济，必然成功。既济卦，阳爻、阴爻都是正位，阳爻在奇数位，阴爻在偶数位，渡河成功。功成容易松懈，物极必反。既济卦告诫我们，成功来临要警惕，坚守正道，继续奋发努力才有利。天下美满的事物中，往往隐藏着危机，守成是艰难的。

未济卦：第六十四卦，火水未济卦。

《序卦》说："物不可穷也，故受之以未济，终焉。"未济卦与既济卦是每根爻相反的"综卦"，也是阴爻阳爻相反的"错卦"。亏盈满损相互交错，既济卦完成后便是另一个要去完成的开始，一切事物不可能终止终极，必然继续发展变化，生生不息，循环往复，以至无穷……

第五章
《易经》中的名言警句

1. 大哉乾元，万物资始，乃统天。云行雨施，品物流形。大明终始，六位时成。时乘六龙以御天。乾道变化，各正性命。保合大和，乃利贞。首出庶物，万国咸宁。

2. 天行健，君子以自强不息。

3. 君子行此四德者，故曰"乾：元、亨、利、贞"。

4. 子曰："同声相应，同气相求。水流湿，火就燥；云从龙，风从虎；圣人作，而万物睹。本乎天者亲上，本乎地者亲下。则各从其类也。"

5. 与天地合其德，与日月合其明，与四时合其序……先天而天弗违，后天而奉天时。天且弗违，而况于人乎？

6. 至哉坤元，万物资生，乃顺承天。坤厚载物，德合无疆。含弘光大，品物咸亨。

7. 地势坤，君子以厚德载物。

8. 积善之家，必有余庆；积不善之家，必有余殃。

9. 君子黄中通理，正位居体，美在其中，而畅于四支，发于事业，美之至也。

10. 屯，刚柔始交而难生。动乎险中，大亨贞。

11. 即鹿无虞，惟入于林中，君子几不如舍，往吝。

12. 大君有命，开国承家，小人勿用。

13. 泰，小往大来。吉，亨。则是天地交而万物通也，上下交而其志同也。

14. 无平不陂，无往不复。艰贞，无咎；勿恤其孚，于食有福。

15. 倾否，先否后喜。

16. 大车以载，有攸往，无咎。《象》曰："大车以载"，积中不败也。

17. 谦，亨。天道下济而光明，地道卑而上行。天道亏盈而益谦，地道变盈而流谦……

18. 敦临之吉，志在内也。

19. 观乎天文，以察时变；观乎人文，以化成天下。

20. 坎有险，求小得。

21. 日昃之离，不鼓缶而歌，则大耋之嗟，凶。

22. 天地之道，恒久而不已也。

23. 正家而天下定矣。

24. 负且乘，致寇至，贞吝。

25. 天施地生，其益无方。凡益之道，与时偕行。

26. 井收，勿幕；有孚，元吉。

27. 革言三就，有孚。

28. 时止则止，时行则行；动静不失其时，其道光明。艮其止，止其所也。

29. 日中则昃，月盈则食；天地盈虚，与时消息，而况于人乎？

30. 和兑，吉。

31. 当位以节，中正以通。

32. 有孚于饮酒，无咎；濡其道，有孚失是。《象》曰："饮酒濡首"，亦不知节也。

33. 易简而天下理得矣。

34. 旁行而不流，乐天知命，故不忧。

35. 富有之谓大业，日新之谓盛德。生生之谓易。

36. 二人同心，其利断金。

37. 君不密则失臣，臣不密则失身，几事不密则害成。

38. 易无思也，无为也，寂然不动，感而遂通天下之故。

39. 自天佑之，吉无不利。佑者，助也。天之所助者，顺也；人之所助者，信也。

40. 形而上者谓之道，形而下者谓之器，化而载之谓之变，推而行之谓之通，举而错之天下之民谓之事业。

41. 仰则观象与天，俯则观法于地，观鸟兽之文，与地之宜，近取诸身，远取诸物，于是始作八卦，以通神明之德，以类万物之情。

42. 穷神知化，德之盛也。

43. 君子藏器于身，待时而动，何不利之有？动而不括，是以出而有获。语成器而动者也。

44. 善不积，不足以成名；恶不积，不足以灭身。

45. 安而不忘危，存而不忘亡，治而不忘乱，是以身安而国家可保也。

46. 德薄而位尊，知小而谋大，力小而任重，鲜不及矣。

47. 君子知微知彰，知柔知刚，万夫之望。

48. 天地絪缊，万物化醇。

49. 君子安其身而后动，易其心而后语，定其交而后求。君子修此三者，故全也。

50. 《易》之为书也不可远，为道也屡迁。变动不居，周流六虚；上下无常，刚柔相易；不可为典要，唯变所适。

51. 《易》之为书也，广大悉备：有天道焉，有人道焉，有地道焉。

52. 将叛者其辞惭，中心疑者其辞枝，吉人之辞寡，躁人之辞多，诬善之人其辞游，失其守者其辞屈。

53. 立天之道，曰阴与阳；立地之道，曰阴与柔；立人之道，曰仁与义。

54. 天地定位，山泽通气，雷风相薄，水火不相射，八卦相错。数王者顺，知来者逆，是故《易》逆数也。

55. 乾，健也；坤，顺也；震，动也；巽，入也；坎，陷也；离，丽也；艮，止也；兑，说也。

我选 55 这个数字，是因为《易经》天地之数为 55。

乾卦为纯阳，坤卦为纯阴。

阳数：1、3、5、7、9

阳数之和：1+3+5+7+9=25

阴数：2、4、6、8、10

阴数之和：2+4+6+8+10=30

阳数之和 25+ 阴数之和 30=55

1+2+3+4+5+6+7+8+9+10=55

今天我们研学《易经》，是要从"易道"中寻求蕴含于其中的博大精深的智慧，重新理解和认识以易学为代表的中华优秀传统文化的现代价值，去其糟粕，取其精华，继承和发展易学所竭力弘扬的自强不息、厚德载物的精神和极深研几、与时偕行（也就是我现在所说的"与时俱进"）的智慧，光大易道在崇德广业、利用安身等方面所具有的价值，并把这些精神、智慧和价值体现在日常的生活和工作中，辩证地看待和处理复杂形势下的各种问题，积极进取而又审时度势、进退有节，为构建新时代人类命运共同体，为实现中华民族的伟大复兴而努力奋斗！

> 双双瓦雀行书案，
>
> 点点杨花入砚池。
>
> 闲坐小窗读周易，
>
> 不知春去几多时。

从南宋诗人叶采《暮春即事》诗中，可以看出读《易经》的乐趣，竟使人忘却了时光的流逝。

后 记

小时候，在我们村庄里有一位比我长一辈的人，他的父亲是日本早稻田大学毕业，中过举人。这个叔叔辈分的人，受家学影响，古文功底也很深，经常讲一些很有学问的话。我很好奇，常去他们家串门，还跟他学会《三字经》《千字文》《百家姓》《朱子家训》，特别是"天干地支""五行"等等。这样，在上小学前，我就对这些很感兴趣，后来读小学、中学、大学、研究生也一直保持这种对传统文化的爱好。

我认真系统地研读《易经》是从20世纪80年代初开始的。1983年，我时任滨海县委副书记、常务副县长（主持县政府全面工作），被组织上选拔报考上中央党校，全脱产读书两年，取得研究生学历。其间我就《易经》请教了任继愈研究员，他说："《易经》不是宗教。它是我们中华文化的源头之一，三玄之冠，五经之首。"从此我就开始研究八卦和六十四卦。1989年，我从省妇联党组副书记、副主任的岗位上调任徐州市委副书记。当时协助我工作的一位市委副秘书长是北京大学中文系毕业的，我经常要他查

《易经》中一些生僻字，他就感到我在研究一种学问。当时包括处室同志都对我研究《易经》有所帮助。1993 年，我调入北京任全国妇联书记处书记，身边也有几位同志支持鼓励我研究《易经》。90 年代中期，我调任江苏省副省长，并先后任职省委常委、副省长，省委副书记，省政协主席。

多年来，我一直没有放弃对《易经》的研究。我请教了若干名家高人，如星云大师、南怀瑾、李学勤、唐明邦、王蒙、冯骥才，还有多位院士、国医大师，各行各业著名专家，如樊代明、王琦、刘大钧、徐景藩、徐小跃等等，他们都是我多年交往的良师益友。研究《易经》几十年，有许多学者知道我，南京大学老书记韩星臣多次邀请我到南大讲《易经》，后南大党委书记洪银兴又一再邀请，同时，我看到中央电视台"百家讲坛"栏目也在讲这方面的内容，便欣然应允，准备了二十讲《〈易经〉与人生智慧》，给博士生研究生开系列讲座。工夫不负有心人，有耕耘就有收获，第一次讲座就引起热烈的反响和欢迎！在南京大学 110 周年校庆时，书记校长邀请了中外学者 6 人作"思想之光"大型学术报告，热情发函，邀我作学术报告。我在南京大学已经举行了 14 次系列讲座，因疫情暂停，待后续讲。

2020 年，全国政协拓展渠道，搭建平台让委员交流读书心得体会，理义娱心。从 8 月开始，我在这个平台上向领导和委员们汇报了几十年研读《易经》的体悟及随想，共 241 篇（则）。在此我要感谢读书群副组长叶小文、刘晓冰，群主吴尚之、丁伟付出的辛劳与智慧！尤其是叶小文千方百计动员我在读书群中谈《易经》，真诚难却。感谢多杰热旦、建国、树贤、永新、晓宏、小影、连起、晶明、福全、元竹、嘉极、媛媛、其成诸多委员的阅评指教！

应中国文史出版社的热情邀约，我将在南京大学系列讲座和全国政协委员读书平台上的心得体会综合整理成书。

感谢王蒙老部长为本书撰名"易理人生"，著名书法家孙晓云女士挥毫书名。感谢中国文史出版社刘未鸣、段敏两位同志为本书的编辑出版给予的支持帮助。

　　《易经》问世以来，历时几千年，任何一种解易之作都不可能揭示《易》的全部内涵。因此，这本书虽为我多年研《易》之作，充其量也只能算是解《易》之一偏而已，不妥之处，敬请斧正。

张连珍

2021 年春节